LITERATURHOTELS

Barbara Schaefer

Literaturhotels

**Auf den Spuren von Hermann Hesse, Agatha Christie,
Ernest Hemingway und anderen**

Lifestyle

BUSSE
SEEWALD

Inhalt

»I remember you well in Chelsea Hotel« Leonard Cohen

EIN TISCH, EIN BETT, EINE OLIVETTI UND AM ENDE DES TAGES DIE BAR

Cees Noteboom erfand sich ein eigenes Hotel. Legendäre Reiseschreibmaschine waren die grünen Olivetti Lettera 22 und die Hermes Baby.

Der niederländische Schriftsteller Cees Nooteboom ist sein Leben lang viel gereist; er hat viel Zeit in Hotels verbracht. Bis er sich schließlich ein eigenes Hotel erbaut hat – allerdings ein ausgedachtes. In »Nootebooms Hotel« versammelt er viel Lebenserfahrung und viele Zimmer oft luxuriöser Häuser, in denen er das tat, was er immer tat: »eine Geschichte schreiben für andere Leute«. Sein erdachtes Hotel baute Nooteboom aus Versatzstücken legendärer Häuser, vom Brown's in London bis zum Albergo Nazionale in Rom. In die Jahre gekommene Hotels mit altmodischen Wasserhähnen, »die nicht immer funktionieren«, und Spiegel in Hülle und Fülle. Nooteboom imaginiert einen Raum in blassem Grönland-Grün mit einem Teppich in der Farbe rostigen Eisens, er blickt sich um und kommt zu der Erkenntnis, »es gibt schlechtere Orte zum Sterben«.

Es mag Schriftstellerinnen und Schriftsteller geben, die am liebsten in den eigenen vier Wänden schreiben. Der französische Philosoph Blaise Pascal sagte gar, das ganze Unglück der Menschen rühre allein daher, dass sie nicht ruhig in einem Zimmer zu bleiben vermögen. Glücklicherweise aber sahen das Generationen von Schreibenden anders. Sie reisten, schauten sich die Welt an, und schliefen unterwegs in überraschend noblen Hotels. Manche Hotels rühmten sich im Nachhinein gerne mit dem Aufenthalt der berühmt Gewordenen. Auch wenn manchmal nicht ganz klar ist, ob die Autoren wirklich je in jener Suite schliefen – oder nicht eher zum Teufel gejagt wurden, wie es etwa Oscar Wilde passierte.

Im Hotel oder zu Hause schreiben, macht das einen Unterschied? Wer schreibt, braucht nur einen Tisch und eine Schreibmaschine, heute einen Laptop. Ist es also nicht ganz egal, wo Tisch und Schreibgerät stehen? Vielleicht nicht. Was zeichnet einen Hotelaufenthalt aus? Erst einmal: Alle Grundbedürfnisse sind befriedigt. Man hat ein Dach über dem Kopf, ein Bett zum Schlafen und zu essen bekommt man auch. All das wird einem wie auf dem Silbertablett serviert – denn Alltagsallerlei bleibt draußen. Man muss nicht einkaufen und kochen, nicht abstauben und keine Steuererklärung ausfüllen. Und als es noch kein Internet und vielleicht noch nicht einmal Telefone gab, war man für niemanden zu erreichen. Wer sich also zum Schreiben ins Hotel zurückgezogen hatte, konnte sich ganz darauf konzentrieren.

Verlässt man das Hotelzimmer, besteht kaum Gefahr, Bekannte zu treffen. Man kann still beobachtend in der Menschenmenge Venedigs oder New Yorks aufgehen oder in der Natur im Engadin verschwinden. Hat man auf dem Laptop – oder früher auf der Reiseschreibmaschine, der grünen Olivetti Lettera 22 wie Leonard Cohen und Günter Grass, oder auf der Hermes Baby wie Hemingway und Friederike Mayröcker – das Tagespensum an Seiten geschafft, kann man sich an der Hotelbar mit einem Drink belohnen. Hatte man aber alles wütend in den Papierkorb geknüllt, bietet die Hotelbar Trost.

Eines der hübschesten Grandhotels unter Palmen: Das Hotel Oloffson in Port-au-Prince in Haiti taucht in Graham Greenes »Die Stunde der Komödianten« als Hotel Trianon auf.

7

Virginia Woolf forderte für Frauen »Ein eigenes Zimmer«, um Schriftstellerinnen das Schreiben in Ruhe zu ermöglichen.

In diesem Buch stelle ich Hotels mit ihren berühmten Gästen vor. Bei der Recherche tauchten manche Autoren immer wieder auf, allen voran Thomas Mann und Hermann Hesse, Ernest Hemingway und vor allem Graham Greene. Greene, ein Vielreisender, scheint in fast jedem berühmten Hotel in den Tropen eingecheckt zu haben. Im Oriental in Bangkok widmete man ihm eine Suite (s. S. 144). Im Pera Palace in Istanbul war er zugegen (s. S. 134). Aber auch in Haiti sah man ihn: Das Hotel Oloffson in Port-au-Prince, ein weißes Kolonialgebäude mit Türmchen und Säulen und einer schattigen Terrasse unter Palmen, taucht in Greenes »Die Stunde der Komödianten« als Hotel Trianon auf. Im Oloffson erhielt Greene posthum seine Suite. In Saigon spielt Greenes Roman »Der Stille Amerikaner«. Thomas Fowler, ein alternder Kriegsreporter, kommt während des ersten Indochina-Kriegs nach Saigon, verfällt der Stadt, einer schönen Vietnamesin – und dem Hotel Majestic: »Manchmal dachte er, es wäre immer sieben Uhr abends und Zeit für einen Cocktail auf dem Dach des Majestic. Vom Saigon-Fluss würde ein Wind wehen...« Und natürlich recherchierte Greene auch in Kuba für »Unser Mann in Havanna«. Der Roman zeigt Kuba 1958, kurz vor der Revolution, ein Staubsaugervertreter wird als britischer Spion angeheuert, was gehörig aus dem Ruder läuft.

Ernest Hemingway besaß auf Kuba eine Finca, doch er schätzte das Hotel »Ambos Mundos« mitten in Havannas Altstadt. Das Zimmer 511 ist heute ein Hemingway-Museum, dort soll er mit »Wem die Stunde schlägt« begonnen haben.

All diese Luxushotels, all diese herrlichen Orte, wie konnten sich Schriftsteller das nur leisten? John Steinbeck und Graham Greene im Oriental in Bangkok, Thomas Mann und Hermann Hesse im Waldhaus Sils. Hemingway sechs Monate im Montafon. Nicht gerade wie der arme Poet in der Dachkammer. Oder vielleicht doch? Hemingway etwa kam als junger Autor ins Montafon, eben weil er sich nur das leisten konnte. Im Gegensatz zu Paris, das ihm zu teuer war. 1924 reiste er für ein halbes Jahr als darbender Schreiber dorthin – im Hotel Traube in Schruns zahlte er »ungefähr zwei Dollar am Tag«.

Hemingway, Greene, Thomas Mann – aber wo sind die Frauen, die Schriftstellerinnen? Schreibende Frauen in Hotels ist ein schwieriges Kapitel – man findet sie kaum. 1929 schrieb die Engländerin Virginia Woolf den Essay »A room of one's own« (Ein eigenes Zimmer). Zwei Bedingungen müssten erfüllt sein, forderte sie, damit Frauen Literatur schreiben können: »fünfhundert (Pfund) im Jahr und ein eigenes Zimmer«. Welche Frau hatte schon zuhause ein eigenes Zimmer? Und welche Frau hatte jemanden, der ihr den Rücken freihielt? So wie Katia Mann sechs Kinder in Schach und ruhig hielt, damit der Nobelpreisträger Thomas Mann in eiserner Disziplin Weltliteratur schreiben konnte.

Ausnahmen waren etwa Agatha Christie, erfolgreich und berühmt. Und in neuerer Zeit Joanne K. Rowling. Ihre ersten Harry-Potter-Bände entstanden an Kaffeehaustischen, doch den letzten Band schrieb sie in einer prächtigen Suite in Edinburgh zu Ende.

An den Ufern des Chao Phraya.

Das legendäre Waldhaus Sils

Dann wartet die Lesereise. Dabei gehe sie, so Elke Heidenreich, von der Regel aus: »Jedes dritte Hotel ist toll, und dazwischen sind zwei, die muss man ertragen.« Es gebe ein paar große Hotels, die einen zum Schreiben von neuen Geschichten inspirieren, dazu gehöre das »Waldhaus« in Sils Maria, »ein verträumtes, wunderbares altes Schloss: Wer kann, sollte sich einmal im Jahr ein paar Tage im ›Waldhaus‹ leisten.«

Über Lesereisen schrieb Juli Zeh einen fiktiven Brief an das »Y-Hotels in X-lingen«: »Das ruhige Zimmer nach hinten raus liegt am Wildwechsel zwischen Sauna und Frühstücksraum. Schon lange vor Sonnenaufgang unterhalten sich vor meiner Tür gut gelaunte Frühaufsteher über Eukalyptusaufgüsse und Müslisorten.« Sie kämpft mit teurem WLAN, die Morgendusche endet mit einer Überschwemmung. »Man sagt, in früheren Zeiten hätten Schriftsteller monatelang in Hotels gelebt, um ihre Romane fertigzustellen. Vielleicht war das nicht in X-lingen. Oder vielleicht waren die einfach härter als ich.«

Die Atmosphäre jener früheren Zeiten in alten Grandhotels, niemand hat dies so gut eingefangen wie Thomas Mann mit seiner Cholera-Novelle »Tod in Venedig«. Mann schrieb im »Grand Hotel des Bains« am Lido di Venezia. Lucchino Visconti verfilmte die Novelle dort, doch das noble Haus wurde 2010 geschlossen. In Venedig konnte man auch bis vor kurzem im Hotel Gabrielli Sandwirth einkehren und an Franz Kafka denken. Oder an Kafkas spätere Verlobte Felice Bauer. An sie schrieb der Dichter auf dem hauseigenen Briefpapier: »Wir müssen Abschied nehmen«. Ein vorläufiger Trennungsbrief. Und leider kann man für längere Zeit nicht ins Gabrielli zurück, das Hochwasser von 2019 hat ihm zu sehr zugesetzt.

Zu legendären Literaturhotels passt die Hotel-Literatur. Hotelromane sind fast ein eigenes Genre, berühmt ist Josef Roths »Hotel Savoy« (s. S. 128), aber die berühmtesten schrieb Vicki Baum. »Hotel Shanghai« widmet sich neun Menschen, die in einem Hotel kurz zusammenkommen, bevor eine Bombe das Haus und alle Leben zerstört (was die Leser gleich zu Anfang erfahren).

Noch mehr »Menschen im Hotel« treffen in Berlin aufeinander. Vicki Baum erzählte, zur Recherche als Zimmermädchen in einem Berliner Hotel gearbeitet zu haben, gab aber später zu, die Behauptung sei nur ein Reklamegag gewesen.

Und dann gibt es noch die legendären Hotels, die es nicht mehr gibt. An erster Stelle das Chelsea-Hotel, beim Gedanken daran bekommen Schriftsteller mit Liebe zu New York Phantomschmerzen. In dem roten Backsteinbau in Manhattan lebten zeitweilig Bob Dylan und Dylan Thomas, Arthur Miller und Andy Warhol, die großartige Patti Smith und auch Leonard Cohen. Doch das Hotel wurde mehrfach verkauft und steht großteils leer. So umweht das verwohnte Gebäude in New York City nun auch der Hauch der Vergänglichkeit alter europäischer Grandhotels.

Hotels bieten eben selbst viel Stoff für Geschichten, erdachte oder erlebte. Sie können heimliche Treffpunkte heimlich Liebender sein und Orte unerwarteter Begegnungen. Sei es an der Bar, in den langen Fluren – oder im Aufzug.

So eine Geschichte erzählt Leonard Cohen aus dem Chelsea Hotel. Im klappernden Aufzug flirtete er mit Janis Joplin. Ob sie jemanden suche, habe er sie gefragt. »Ja, Kris Kristofferson«, antwortete die schon berühmte Sängerin. Da habe sie aber Glück, habe er ihr geantwortet, er sei Kris Kristofferson. Das seien großmütige Zeiten gewesen, sie habe nicht durchblicken lassen, dass sie ihn durchschaute. In jener Nacht im Chelsea Hotel. In Erinnerung an die jung verstorbene Janis Joplin schrieb Leonard Cohen sein wehmütiges Lied: »I remember you well in Chelsea Hotel«.

Auf den kommenden Seiten führe ich Sie in berühmte und auch weniger bekannte Hotels von Berlin bis Bangkok, von Istanbul bis Sizilien. Hotels, in denen sich berühmte Schriftstellerinnen und Schriftsteller Zeile für Zeile aus dem Leib schwitzten, über die Welt und die Liebe sinnierten. Folgen Sie den legendären Büchern auf diesen Seiten, und wenn Sie einmal die Gelegenheit haben, in die Nähe so eines Hotels zu kommen: Buchen Sie ein Zimmer oder schnuppern Sie in der Lobby beim Tee Literaturluft.

Oder bei einem Drink auf der Hotelterrasse an den Ufern des Chao Phraya in Bangkok oder mit Blick auf die Berge des Engadin.

Barbara Schaefer

Berlin, Pariser Platz.
Thomas Mann mit Gattin Katia Mann
(geb. Katharina Pringsheim) vor
dem Hotel Adlon, 1929

Bei Literatur-
Nobelpreisträgern beliebt

HOTEL ADLON KEMPINSKI

Berlin, Deutschland

Formidable Lage: das historische Adlon, an der Südostecke des Pariser Platzes, Unter den Linden 1.

dlon – in Ihrem Haus gibt es einfach alles!« Was für ein Satz! Lorenz Adlon dürfte zufrieden gewesen sein mit dem Urteil, ausgesprochen von Kaiser Wilhelm II. Der Regent schritt im Oktober 1907 mit seinem Gefolge durch die Hallen. Er hatte sich ausbedungen, als erster das Hotel betreten zu dürfen. Schließlich hatte er selbst das Luxushotel für die Residenzstadt gewollt – und ermöglicht. Dass dafür ein unter Denkmalschutz stehender Schinkel-Bau, das Palais Redern, abgerissen werden musste, geschenkt! Und so schmückte des Kaisers Bronzebüste die Haupthalle, im Keller lagen eine Viertelmillion Weinflaschen. Nur vom Feinsten war die Ausstattung, in den Zimmern Elektrizität und warmes Wasser, Lounge und Lobby, alles großzügig gebaut, ein Musiksalon, ein Wintergarten. Mit knapp 20 Millionen Mark war Berlins erstes Luxushotel fast doppelt so teuer wie der zeitgleich fertig gestellte Berliner Dom.

»Adlon – in Ihrem Haus gibt es einfach alles!« Kaiser Wilhelm II.

Es sei »wie in den bayerischen Königsschlössern«, schwärmten die Reporter. So hübsch (und warm) war es hier, dass Wilhelm II. sich gerne einquartierte und auch Damenbesuch erhalten haben soll. Staatsgäste wurden untergebracht, dank der formidablen Lage an der Südostecke des Pariser Platzes: Unter den Linden 1. Könige und Kaiser kamen, der Zar von Russland und der Maharadscha von Patiala. Dem gefiel es so gut, dass er einen Elefantenbrunnen für die Lobby als Geschenk daließ.

15

Die Nähe zum Regierungsviertel zahlt sich bis heute aus, Delegationen aus vielen Ländern buchen hier.

Bald mietete sich Kultur-Prominenz ein. Hugo von Hofmannsthal schrieb »dann werden wir uns morgen Abend im Adlon treffen« an den Komponisten Richard Strauss. Vom Dichter stammten die Libretti seiner berühmtesten Opern wie *Die Frau ohne Schatten und Elektra*. 1912 wurde ein Festbankett für und mit Gerhart Hauptmann zu dessen 50. Geburtstag gefeiert; er war der erste in einer Reihe von Literatur-Nobelpreisträgern im Haus. Unter den Linden logierte Thomas Mann 1929 mit seiner Frau Katia auf dem Weg nach Stockholm zur Preisverleihung, ein Foto zeigt ihn mit einem Hotelpagen – die heute wieder eine ähnlich historische Uniform tragen.

Das Adlon ist eine Schatzkiste an Anekdoten, und immer gab es jemanden, der sie aufschrieb, allen voran Hedda Adlon, zweite Frau des Hotelerben Louis Adlon, die in den 1950ern über die Geschichte und Geschicke des Hotels berichtete. Lapidar lässt sie den Dichter Gottfried Benn auftreten, in einer

kurzen Szene stellt er sich so vor: »Doktor Benn. Ich bin Arzt – kann ich Ihnen helfen?«

1930 machte der Literatur-Nobelpreisträger Sinclair Lewis auf dem Rückweg von Stockholm Station im Adlon, traf den Verleger Rowohlt, und zu beiden stieß Anton Kuh. Der immer klamme Kaffeehausliterat aus Wien wohnte monatelang im Adlon – ohne zu zahlen. Louis Adlon schätzte ihn, man einigte sich, und so bekam Kuh jedes Monatsende die Hotelquittung mit dem Vermerk: bezahlt. Dafür sollte er Hotelgästen Anekdoten erzählen. Somit kann Kuh als erster *Writer in Residence* gelten: Ein Autor verbringt einige Zeit in einem Hotel, dafür schreibt er den Hoteliers einige Seiten und vielleicht ein Buch.

Der Schotte Philip Kerr erzählt in seinem Krimi »Die Adlon Verschwörung« aus den Zeiten der Naziherrschaft. In seiner Definition lief »das Adlon wie ein großer schwerer Mercedes – ein schwäbischer Koloss aus handgearbeiteter

Karosserie, handgenähtem Leder und sechs überdimensionierten Continental-Reifen.« Über die Literaten schreibt er: »Schriftsteller, insbesondere weibliche Schriftsteller aus New York, waren dünn gesät im Adlon jener Zeit. Hatte wahrscheinlich etwas damit zu tun, dass die Zimmer fünfzehn Mark pro Nacht kosteten. (...) Die große Depression traf jeden, doch niemand litt so sehr unter ihr wie die Schriftsteller.«

Während der Olympischen Spiele 1936 war das Haus voll, danach sank sein Stern.

Die Nazis residierten woanders, obwohl Hedda und Louis Adlon in die NSDAP eintraten. Der Pariser Platz wurde zerbombt, doch das Adlon blieb nahezu unbeschädigt. Aber wenige Tage nach Kriegsende brannte es nieder, warum genau konnte nicht ermittelt werden. Nur ein Seitenflügel hielt stand, war in der DDR noch Hotel und ein Internat, und für kurze Zeit das Zuhause von Bertolt Brecht und Helene Weigel. Das Ehepaar kehrte im Oktober 1948 aus dem Exil in den USA zurück und wohnte für ein halbes Jahr in der Adlon-Ruine. Dort besuchte sie der junge Schriftsteller Günter Kunert, um Brecht seine eigenen Gedichte zu zeigen. Er berichtet später ehrfürchtig von diesem Treffen – und den amerikanischen Lebensmitteln, die sich im Zimmer stapelten.

Das Rest-Adlon wurde 1984 gesprengt. Doch nach dem Fall der Mauer ist es auferstanden aus Ruinen, als Hotel Adlon Kempinski, sandsteinfarben mit grünem Kupferdach. Das Adlon von 1997 ist ein historisierender Nachbau und wurde standesgemäß eröffnet: nicht mehr vom Kaiser, sondern von Bundespräsident Roman Herzog.

Die Nähe zum Regierungsviertel zahlt sich auch heute aus, Delegationen aus vielen Ländern buchen hier. Und die Literatur kehrt zurück: »Also mietete ich für das letzte Wochenende im April fünf Einzelzimmer und ein geräumiges Kaminzimmer – die Executive Suite im vierten Stock mit Blick auf das Brandenburger Tor – im Hotel Adlon, Berlin.« schreibt Joachim Bessing 1999 in »Tristesse Royale«. Das selbsternannte popkulturelle Quintett, bestehend aus Benjamin

Früher lustwandelten die Gäste im Goethegarten mit dem Elefantenbrunnen, heute nehmen sie Platz vor dem Adlon – auf dem Pariser Platz.

von Stuckrad-Barre, Christian Kracht, Eckhart Nickel sowie Alexander von Schönburg, schloss sich drei Tage lang ein, »um dann ein Sittenbild unserer Generation modelliert zu haben.«

Der Club der jungen Dichter schreibt zehn Jahre nach dem Mauerfall blasiert, zynisch, melancholisch, narzisstisch. Die Provokation ging auf, es hagelte Verrisse und viel Resonanz. Das Adlon ist der sechste Teilnehmer des Gesprächs, Bessing würdigt die Details des Hauses ausführlich, wie diese Szene im Foyer: »Frisches Wasser plätschert aus vier Metern Höhe in Kaskaden über weiße Elefanten in einen Brunnen hinab.«

Das Foto auf dem entsprechenden Bucheinband zeigt die fünf jungen Männer, eine Adlon-Mitarbeiterin erkennt: »eindeutig unser Teppichboden«. Zum Glück, sonst könnte man die Bessingsche Bestandsaufnahme für literarische Fiktion halten. Denn: Eine Executive Lounge im vierten Stock gibt es nicht und hat es nie gegeben. Und die Elefanten, über die das Wasser in einen Brunnen plätschert, sind schwarz. Eines aber war und ist richtig: »… mit unverstelltem Ausblick auf das Brandenburger Tor«.

ADLON KEMPINSKI
Berlin, Deutschland
kempinski.com/de/berlin/
hotel-adlon/

Im Kiez mit der dichtesten Dichter-Dichte

LITERATURHOTEL BERLIN-FRIEDENAU
Berlin, Deutschland

Ein Hotel im Schriftstellerviertel: im Literaturhotel Berlin-Friedenau las auch Günter Grass (re).

Anlässlich des Preises wurden Fernsehaufnahmen anberaumt, »die Kultursendung Titel – Thesen – Temperamente wollte Swetlana in Berlin interviewen, und sie wollte, dass es bei uns passiert, und nicht in irgendeinem Fünf-Sterne-Haus«. Das Hotel war aber fast ausgebucht, und »Zimmer 3« nicht frei, in dem Alexijewitsch immer logiert. »Wir konnten Gäste überreden, das Zimmer frei zu geben. Das war sehr nett«, sagt Moog.

> »Freiheit heißt für mich, dass ich mir keine Sorgen darüber machen muss, wo ich das Geld für meine Bücher herbekomme.« Swetlana Alexijewitsch

Wer Christa Moog nach Begegnungen und Erlebnissen mit Literaten in ihrem Hotel befragt, bekommt viele Geschichten zu hören. Nur eine verschweigt sie: Dass sie selbst Autorin ist. Sie hatte als Lehrerin gearbeitet, auch im Berliner Bezirk Prenzlauer Berg, verließ aber 1984 die DDR und reiste um

Wir haben uns so gefreut!«, erinnert sich Christa Moog. Im Oktober 2015 war sie wie immer in ihrem Literaturhotel, huschte die Treppe hinauf und hinunter, telefonierte und organisierte, als die Nachricht eintrudelte: Der Literatur-Nobelpreis geht an Swetlana Alexandrowna Alexijewitsch. »Sie war Stammgast bei uns und kannte Berlin gut, war als DAAD-Stipendiatin hier gewesen.« Sie hätten gleich bei Swetlanas Agentin angerufen – »nach Minsk zu telefonieren war kompliziert« – und Glückwünsche übermittelt.

24

Stammgast in Zimmer 3:
Swetlana Alexandrowna Alexijewitsch

die halbe Welt, auf den Spuren ihrer Lieblingsautorin, der Neuseeländerin Kathrin Mansfield, über die sie ein Buch geschrieben hat. Moog war Stipendiatin der Villa Massimo in Rom und Trägerin des Aspekte-Literaturpreises. Gemeinsam mit ihrem schweischen Mann führte sie eine Pension in Südschweden.

2003 übernahmen sie das Drei-Sterne-Hotel im Berliner Stadtteil Friedenau, ein 1871 als Gartenstadt gegründeter Vorort Berlins. »Wir wollten etwas Besonderes daraus machen«, und was lag buchstäblich näher, als es mit Literatur in Verbindung zu bringen? Denn Friedenau war das Schriftsteller-Viertel Berlins schlechthin. »Der Kiez mit der dichtesten Dichter-Dichte« nennt Moog ihre Umgebung, Nobel-Viertel wird es auch manchmal genannt, nicht wegen der hübschen Gründerzeitvillen, sondern hinten betont: Nobel – weil drei Literatur-Nobelpreisträger hier lebten: Günter Grass, Herta Müller und eben Alexijewitsch. An der Wand in der Rezeption hängen großformatige Porträts der Friedenau-Literaten, die »Hotelchefin Queen Mary« – so nennt Moog ihre weiß-braune Katze – huscht stets daran vorbei.

Grass lebte erstmals in den 1950ern in Berlin, als Student an der Hochschule für Bildende Künste. Auch damals schrieb er schon – Reklametexte für Bolle, die Berliner Supermarktkette. 1963 kam Grass nach Friedenau, vermittelt durch Uwe Johnson. Auch Max Frisch zog her, man lud sich gegenseitig zum Essen ein, »Übernahme der Wohnung (Sarrazinstraße 8) und

Abend bei Grass. Nieren« schrieb der Schweizer in seinem »Berliner Journal«, das 2012 für die Nachwelt zugänglich gemacht wurde. Frisch lebte in der Nähe zu Günter Grass

Die Hotelchefin:
Queen Mary

und Uwe Johnson; und wenige Straßen weiter wohnte Hans Magnus Enzensberger.

Geradezu hymnisch schrieb Grass über sein Viertel: »Als Pilot hoch über den Dächern von Friedenau … Mach 'ne Links-, 'ne Rechtskurve … Links ist unter meinem Vielzweckmobil der Turm vom Friedenauer Rathaus, davor der Wochenmarkt zu erkennen mit der dicken Fischfrau und dem verrückten Blumenhändler, die mir beide zuwinken, und auch die Niedstraße mit unserem Klinkerhaus …«

Legendäre Buchhandlungen erwuchsen aus diesem Nährboden. Die Nicolaische und natürlich Wolff's Bücherei, 1929 eröffnet. Zu Nazizeiten versteckte der Inhaber Andreas Wolff verbotene

Christa Moog (li) lud auch Christa Wolf (re) zu Lesungen in ihren Uwe-Johnson-Salon ein.

Bücher im Keller. Nach dem Krieg wurde Wolff Geschäftsführer des Suhrkamp Verlages, seine Tochter Katharina Wagenbach-Wolff gründete in Friedenau den Literaturverlag Friedenauer Presse. Seit nun schon zehn Jahren trägt die Buchhandlung einen neuen, schwergewichtig literarischen Namen, »Der Zauberberg«.

Das Haus mit Literatur füllen – das bedeutet bei Christa Moog nicht nur, dass in Regalen dicke Schwarten stehen, dass renommierte Autorinnen und Autoren ihren Berlinaufenthalt in ihrem Haus verbringen, sondern das heißt auch: Lesungen. Dann werden im Frühstücksraum die Biedermeier-Möbel auf die Seite gerückt und der Raum wird zum Uwe-Johnson-Salon. Christa Wolf und Judith Hermann haben aus ihren Neuerscheinungen gelesen, Peter Schneider und Clemens Meyer ebenso. »Die Plätze reichen kaum«, sagt Christa Moog. Friedenau sei eben ein »sehr kultur-interessierter Kiez«.

**HOTEL FRIEDENAU
DAS LITERATURHOTEL BERLIN
Deutschland
literaturhotel-berlin.de**

Bleibe...
Irrlichter...
Mondlicht-
hotel

Stipendiat John von Düffel signiert auf einer Lesung im Bleiche Resort & Spa

Ein Landhotel mit Buchhandlung und Residenz-Stipendium

BLEICHE RESORT & SPA
Spreewald, Deutschland

Natürlich ist es im Spreewald zu jeder Jahreszeit schön. Aber das Gute an einer Reise im Spätherbst in den Spreewald ist: Man kann draußen nicht viel unternehmen. Einen kurzen Spaziergang am Tag wird man wohl gerne machen, über nebelverhangene Wiesen, an zunehmend blätterlosen Bäumen entlang. Von den Störchen zeugen noch die Nester auf den Hausdächern. Aber kein Grund für Melancholie: Gerade jetzt ist es im Bleiche Resort & Spa am schönsten. In der großen Anlage auf der grünen Wiese tritt man sich nicht gegenseitig auf die Füße, in der Lobby plätschert ein französischer Hirschbrunnen aus dem 16. Jahrhundert.

Überall im Haus stehen Sofas bereit, wer nicht selbst einen Koffer voller Bücher mitgebracht hat, findet bestimmt den Weg in die hauseigene Buchhandlung. Die Buchhändlerin stellt ein ausgewähltes Sortiment zusammen und wer all die Bücher über den mystischen Spreewald liest, hat ohnehin keine Zeit zum Rausgehen. Zusätzlich gibt es ein Programm-Kino, in welchem während der Frankfurter Buchmesse im Oktober Filme mit literarischem Bezug zu sehen sind.

Filmreif ist auch der Beginn der »Bleiche«: Friedrich II., König von Preußen (auch der »Alte Fritz« oder »Friedrich der Große« genannt), legte 1750 den Grundstein. Hier ließ er das Leinen für die Uniformen seiner Armee bleichen. In der angeschlossenen Poststation gab es Fremdenzimmer. Bereits kurz nach der Wende erwarb Familie Clausing das Hotel und entwickelte es zum heutigen Bleiche Resort & Spa.

Der Spreewald liegt nah bei Berlin. Die 400 Kilometer lange

Wäre eine Kahnfahrt im Spreewald nicht so verlockend – man könnte die ganze Zeit drinnen bleiben und sich in eine Lese-Ecke zurückziehen.

Spree durchquert bis zu ihrem Binnendelta im Spreewald Sachsen und Brandenburg, bevor sie sich auf dem Weg nach Berlin wieder bündelt. Im Spreewald teilt sich der Fluss in hunderte von Kilometern verzweigte Flussarme, Fließe genannt. Schon im 6. Jahrhundert siedelten Sorben und Wenden auf Wohninseln, umarmt von den Fließen. Die UNESCO erklärte den Spreewald zum Biosphärenreservat.

»Diese Verführung zum Fallenlassen« John von Düffel

Der von Wasser durchflossene Naturraum ist ein idealer Rückzugsort für Stadtmenschen. Auch die Drehbuchautorin Franziska Stünkel hatte sich einmal für ein paar Tage eingemietet und kam ins Nachdenken: »Hätte man nur an einem Ort wie der Bleiche einmal genug Zeit, ein paar Wochen lang, hier könnte man sich ganz in die Geschichte versenken, um dem lange herbeigesehnten lustvollen fließenden Schreiben zu verfallen«. Schließlich schlug sie diesen Gedanken, ein Residenzstipendium, den Hoteliers »bei traditionellen Kartoffeln mit Leinöl« vor. Ihr Vorschlag fiel in genau die richtigen Hände. Das Spreewaldliteratur-Stipendium war geboren. In jeder Jahreszeit kann nun eine Stipendiatin oder ein Stipendiat einen Monat in der Bleiche verbringen. Das Hotel und die Spreewälder-Kulturstiftung fördern so die gegenwärtige Literatur (Prosa, Lyrik, Theater, Drehbuch) und die literarische Auseinandersetzung mit der Region.

Seit 2008 leitet Franziska Stünkel als Kuratorin die Expertenjury, zu dieser zählten der Schriftsteller und Jurist Bernhard Schlink und Nina Bohlmann, Filmproduzentin und Drehbuchautorin. Im Spree-

wald ist es auch in der fünften Jahreszeit schön! Das befand die Jury im ersten Jahr. Fünf Kandidaten waren als gleichermaßen preiswürdig angesehen – und so wurden fünf Literaten eingeladen. Für jede Jahreszeit einer. Die erste Stipendiatin, die Drehbuchautorin Esther Bernsdorff, erinnert sich in ihrem Beitrag für die jährliche Anthologie

an die anfängliche Beklemmung in der Suite, die »die Größe meiner damaligen Wohnung in Kreuzberg bei weitem übertraf«. Auch das einsame Abendessen im luxuriösen Hotel erschien ihr plötzlich »als kaum zu bewältigende Herausforderung«. In Gedanken wollte sie den Gästen zurufen: »Es ist nicht so, wie es aussieht«. Es gebe durchaus Menschen, die mit ihr verreisen würden. »Ich habe ein Stipendium bekommen, verstehen Sie, deshalb bin ich alleine hier.« Doch schon ab dem zweiten Abend breitete sich »eine wunderbare Ruhe« in ihr aus. Von da an genoss sie den »unvergleichlichen Luxus«, Zeit zu haben.

Der erste Winter-Stipendiat Sobo Swobodnik entwarf einen Krimi und John von Düffel skizzierte dort seinen Roman »Goethe ruft an«. Für die Anthologie schrieb er Lyrik, Gedichte über die Fließe, die Bleiche, die Kahnfahrt; das Hotel im flachen Spreewald wird ihm zum »Zauberberg«. Und über den Spreewald dichtete er: »Diese Ver-

führung zum Fallenlassen/ In den Sog und Strom einer Geschichte/ In der man sich verliert/ Um sich zu finden.«

Die Drehbuchautorin Heide Schwochow erzählt das Leben der Reiseführerin Marga Morgenstern, die Gästen im Spreewald von der Tradition der Sorben erzählt. Die sorbische Sprache ist noch manchmal zu hören. »Witajso do nas!« – »Seid uns willkommen«, steht in Sorbisch über der Eingangstür des Hotels.

Das Leben als Schreibende ist oft ein Traum, wenn Worte sich wie von selbst aneinanderfügen, aber manchmal ist es die schiere Qual. Und mitunter ein Leben am Rande der Armut mit langen Durststrecken. Ein Residenzstipendium ist kein goldener Luxus, es ist ein großes Geschenk, das eines ermöglicht: Einmal in Ruhe arbeiten, recherchieren, denken und auch ausruhen zu können.

Zu den Stipendiaten seit 2008 zählen Judith Schalansky, Annette Hagemann, Frank Schulz, Lucy Fricke, Nadja Klinger, Hansjörg

Zu jeder Jahreszeit schön, drinnen wie draußen.

Schertenleib, Susanne Stephan, Thomas Hettche, Susanne Kippenberger, Saša Stanišić. Bücher der Stipendiaten des Spreewälder Literaturstipendiums finden sich in der hauseigenen Bibliothek und in der Buchhandlung. Zuletzt (2019/20) erhielten Aelrun Goette, Uwe Wittstock, Kathrin Gerlof, Verena Carl und Markus Berges »einmal genug Zeit« zum Denken und Schreiben.

BLEICHE RESORT & SPA
Brandenburg, Deutschland
bleiche.de

Elke Heidenreich (li)
und Claudia Ebert.

Elke Heidenreich
stellte die Bibliothek
im Strandhotel zusammen

HOTEL BUDERSAND

Sylt, Deutschland

Literatur gehört für mich zum Leben. Lesen schützt vor Dummheit und damit auch vor Intoleranz«, sagt Claudia Ebert vom Hotel Budersand. Lesen eliminiere Vorurteile gegenüber Fremdem und Fremden. Dies sei in einer Zeit der schrillen Populisten ein überaus wichtiger, beruhigender Nebeneffekt, schreibt Ebert im Vorwort zum 6. Langen Literaturwochenende der Privathotels Sylt. Claudia Ebert stammt aus Darmstadt und ist zum Teil auf Sylt aufgewachsen. Von ihrem Erbe baute sie sich an der Südspitze von Sylt das Luxushotel »Budersand«.

Das Hotel steht einzigartig einsam am Nordseestrand, die Weite des Meeres umweht das Haus, alle 77 Zimmer und Suiten haben Balkone mit freier Sicht in alle vier Himmelsrichtungen. Allein die Balkone also laden ein zum entspannten Lesen, noch viel mehr die hauseigene Bibliothek. Und wer es nicht schafft, ein Buch vor Ort auszulesen, weil der Nordseestrand eben auch zu langen Spaziergän-

gen einlädt, denjenigen bestellt das Hotel das Buch und lässt es nach Hause liefern.

Am Literaturfestival im Herbst beteiligen sich mehrere Hotels auf Sylt. Drei renommierte Literaturmenschen moderieren die Veranstaltungen. Da ist Sandra Kegel, Redakteurin der »Frankfurter Allgemeinen Zeitung« im Ressort Literatur und Literarisches Leben. Rainer Moritz, seit 2005 Leiter des Literaturhauses Hamburg, ist Mitorganisator der Veranstaltung. Sonja Valentin realisierte Theater- und Filmprojekte, etwa mit Karin Beier und Peter Zadek, und promovierte über »Steine in Hitlers Fenster – Thomas Manns Radiosendungen Deutsche Hörer! 1940–1945«. Zu den Gästen der Literaturtage zählten schon Florian Illies und Meike Winnemuth, Karen Köhler und Ursula März, Harald Martenstein und Denis Scheck.

Aber nach welchen Kriterien stellt man eine Hotel-Bibliothek zusammen? Das Hotel Budersand hat sich dafür eine Literaturexpertin

Von einem Buch aufschauen und aufs
Meer blicken – so lässt sich's lesen.

gesucht: Elke Heidenreich. Die Autorin präsentierte im ZDF die Sendung *Lesen!* Und stellte für das Budersand die Bibliothek zusammen. Und wie erweitert man eine Bibliothek und hält sie auf dem neusten Stand? Elke Heidenreich fährt immer wieder hin, und wenn sie es mal nicht schafft, schickt sie aktuelle Listen mit Vorschlägen an Claudia Ebert.

Im Interview verrät Elke Heidenreich, wie sie die Bücher für die Budersand-Bibliothek auswählte.

Wie haben Sie die rund 1000 Bücher für die Bibliothek zusammengestellt?

E.H.: Der Anfang ist einfach: Lieblingsbücher. Aber dann merkt man sehr schnell: Im Hotel wohnen andere Leute, die haben einen anderen Geschmack, die wollen am Strand lesen, nach dem Essen, im Spa. Da gehen dicke Schmöker in der Regel nicht, aber Rosamunde Pilcher sollte es auch nicht sein. Ich habe versucht, interessante Neuheiten mit nicht zu gewichtigen Klassikern zu mischen. Dazu natürlich ein Krimiregal, ein Regal mit Gedichten, ein Kinderbuchregal, dann schöne Sachbücher, Bildbände, Fotografien. Es hat Riesenspaß gemacht.

Bildbände zu welchen Themen haben Sie ausgesucht?

E.H.: Zum Beispiel »Die schönsten Hotels«, das war aber sofort geklaut, wie die meisten Bildbände. Auch Bände übers Reisen, über fremde Länder. Wir hatten nicht damit gerechnet, dass die Gäste eines Luxushotels so viele Bücher einfach mitgehen ließen.

Welche Autorinnen und Autoren waren Ihnen besonders wichtig?

E.H.: Die, die etwas zu sagen haben – alte und neue. Natürlich nicht den ganzen Goethe, aber natürlich »Werthers Leiden«. Die Novellen von Kleist. Heutige politische Schriftsteller, von Henning Mankell nicht nur Krimis, sondern Afrikabücher. Aber immer auch gelungene Unterhaltung. Wichtig sind immer zwei Kriterien: Die Sprache muss stimmen und die Geschichte sollte interessant sein.

Können Sie sich noch daran erinnern, welche fünf Bücher Ihnen als erstes für die Bibliothek in den Sinn kamen?

E.H.: »Dr. Dolittle und seine Tiere« von Hugh Lofting für die Kinder, Marlen Haushofer »Die Wand«, Christa Wolf »Kein Ort. Nirgends« und Gontscharows »Oblomow«. Ich habe auch eigene Bücher reingestellt, »Nero Corleone«, »Kolonien der Liebe«, »Der Welt den Rücken«, weil ich wusste, dass die Gäste diese lesen wollten – ich war damals ziemlich bekannt und als Einrichterin der Bibliothek fand ich, gehörte ich dazu.

> »…nicht den ganzen Goethe, aber natürlich »Werthers Leiden« …«
> *Elke Heidenreich*

Ist ein Buch dabei, von dem Sie denken: Himmel, warum wird das so wenig gelesen?!??

E.H.: Viele. Aber zum Beispiel ist ein Roman wie »Stoner« von John Williams für einen kurzen Hotelaufenthalt einfach zu dick. Aber

»Löwen wecken« von Ayelet Gundar-Goshen schafft man auch in zwei, drei Tagen.

Hätten Sie lieber 10.000 Bücher in die Regale gestellt?
E.H.: Ich hätte es damals gern auf 2000 bringen können, aber ich bin ja immer noch dabei. Das mit den Lieblingsbüchern erschöpft sich schnell, es ist vieles dabei, was nicht zu meinen Lieblingen zählt, aber gut und lesbar ist. Es geht um die Gäste, nicht um mich.

HOTEL BUDERSAND
Sylt, Deutschland
budersand.de

HOTEL BUDERSAND
Sylt, Deutschland

Badefreuden am Pool, unter einem Riesengemälde.

Hotel Geyer

Unterkunft und Kunst unter einem Dach.

"Lie ist ei stwerk"
rg Bach ann

Bachmann an der Fassade und Stipendiaten im Haus

HOTEL GEYER

Klagenfurt, Österreich

Ingeborg Bachmann präsentiert ihren ersten Roman »Malina«

Wer durch Klagenfurt spaziert, wird bald auf Kärntens Haus der Literatur stoßen. In dem Haus in der Nähe des Bahnhofs verbrachte Robert Musil (1880–1942) die ersten Monate seines Lebens. Das denkmalgeschützte Haus beherbergt das Musil-Literatur-Museum, die Literaturlounge Klagenfurts sowie das Robert-Musil-Institut für Literaturforschung. Auch wer nur dran vorbei geht, wird die auffälligen Wandmalereien sehen. Großformatig und in Schwarz-Weiß blicken Robert Musil, Ingeborg Bachmann und Christine Lavater die Flaneure an. Alle drei mit dem charakteristischen kleinen roten Pfeil versehen, dem Markenzeichen von Jef Aérosol. Der französische Künstler ist bereits seit den 1980er-Jahren als Sprayer unterwegs. 2010 gestaltete er die Fassade des Museums.

Bei Ingeborg Bachmanns Bildnis wirkt der rote Pfeil wie ein Schönheitspflaster auf der Wange, auf Musil zeigt er in Augenhöhe.

Astrid Zlami interessiert sich seit vielen Jahren für Street Art. Die Besitzerin des Hotel Geyer in Klagenfurt sagt, an den Werken am Musil-Haus habe sie großen Gefallen gefunden. So wollte auch sie ihr Hotel schmücken lassen. Da seit Jahrzehnten Teilnehmer/innen der Tage der deutschsprachigen Literatur bei ihr im Hotel übernachten, fand sie, »dass ein ›Bachmann-Bildnis‹ zu Klagenfurt gehört und das Stadtbild verschönert«.

*» … aber zum See ging man
zu Fuß« Ingeborg Bachmann*

Ein Kunstwerk von Jef Aérosol habe sie sich nicht leisten können. Der Leiter des Musil-Museums

machte sie auf einen anderen Künstler aufmerksam, auf Simone Mestroni. »Mir wurden die Kontaktdaten von Simone übermittelt und innerhalb weniger Tage lernte ich ihn in Udine kennen.«

Mestroni sieht sich nicht »als herkömmlicher Sprayer, sondern als ‚Straßenpoet'«. Mit seinem Projekt »città della poesia« malt er in Udine Gesichter bekannter Künstler und Poeten sowie eigene Verse an Wände, Rollos von Zeitungsständen oder Geschäfte, um so »Poesie in die Städte zu bringen und den Bewohnern und Besuchern die Welt der Poesie und der Poeten näher zu bringen«. Und so prangt nun ein gigantisches Bachmann-Portrait an der Wand des Hotels. Vielleicht, so hofft Astrid

Zlami, rege es auch den einen oder anderen an, sich mit Literatur zu beschäftigen.

Ingeborg Bachmann und Klagenfurt, das ist keine einfache Geschichte. Bachmann, 1926 in Klagenfurt geboren, schrieb schon als Kind Gedichte, studierte in Innsbruck, Graz und Wien. In zwei Texten setzte sie sich mit ihrer Geburtsstadt auseinander: »Jugend in einer österreichischen Stadt« und »Drei Wege zum See«. In letzterem kehrt eine Frau zu ihrem alten Vater zurück, geht die Straßen der Kindheit noch einmal, sucht auch den Weg zum Wörthersee, den sie als Kind mit den Eltern ging, weil es diesen »nie in den Sinn gekommen wäre, auch nur die Straßenbahn zu nehmen, höchstens zum

Heimfahren, oder wenn es regnete, aber zum See ging man zu Fuß«.

Bachmanns Verhältnis zu Klagenfurt blieb mindestens kompliziert. So schrieb sie 1970 in einem Brief, man müsste »ein Fremder sein, um einen Ort wie Kl[agenfurt] länger als eine Stunde erträglich zu finden«. Klagenfurt aber ehrt Bachmann, stiftet seit 1976 jährlich den Ingeborg-Bachmann-Preis. Er ist sicher eine der wichtigsten literarischen Auszeichnungen im deutschsprachigen Raum und das Wettlesen um den Preis gehört zu den berühmtesten und mittlerweile umstrittenen Events im Literaturbetrieb.

Astrid Zlami führt ihr kleines Hotel in dritter Generation. Ihre Gäste kommen hauptsächlich aus beruflichen Gründen, und da sie eben seit vielen Jahren mit dem Robert-Musil-Institut zusammenarbeitet, kommen diese oft aus dem Literaturbetrieb. So übernachteten bei ihr »namhafte österreichische Schriftsteller wie Peter Handke und Gert Jonke«. Auch Menschen aus dem Kunstbereich fühlen sich wohl, so der österreichische Maler Hans Staudacher. Im Frühstücksraum hängen Bilder von Künstlern aus Gugging, die ebenfalls bei ihr übernachtet haben. Dabei handelte es sich um Patienten der Nervenheilanstalt Maria Gugging. In den 1950er-Jahren wurden sie von ihrem Psychiater zum Zeichnen angeregt. Dieser erkannte die Begabung einiger Patienten und begann diese zu fördern. Bald folgten Ausstellungen, und zeitgenössische Künstler wie Arnulf Rainer, Friederike Mayröcker, Ernst Jandl und André Heller setzten sich kreativ mit den Arbeiten aus Gugging auseinander. Sogar David Bowie besuchte Gugging im Jahr 1994. In den Hotelzimmern gebe es nun keine Bücher mehr, sagt Astrid Zlami, »da sie leider immer wieder mitgenommen wurden, was ich sehr bedauert habe.« Doch die Kursteilnehmer/innen des Ingeborg Bachmann Literaturkurses 2019 logierten im Geyer – und versammelten sich gerne für ein Foto unter dem Bachmann-Portrait an der Fassade.

**HOTEL GEYER
Klagenfurt, Österreich
hotelgeyer-klagenfurt.at**

Hermann Hesse, Elsa Morante und Donna Leon – das Waldhaus zog und zieht alle an

WALDHAUS SILS MARIA

Engadin, Schweiz

1908 gründeten Josef Giger und Amalie Giger-Nigg das Waldhaus Sils – bis heute ist es im Besitz der Familie.

Das Waldhaus Sils: eine Burg mit vier Türmen, von Zinnen bekrönt. Ein Schweizer Luxushotel, über Sils Maria auf einem Hügel stehend, und trotzdem geerdet, irgendwie anders. Vielleicht hat es damit zu tun, dass das trutzige Hotel mit den langen Fluren und dem Belle-Epoque-Treppenhaus bis heute in Familienbesitz ist, gebaut von Maria Kienberger-Dietrichs Urgroßeltern, nun geführt von ihren Söhnen. Maria Kienberger-Dietrich, zierlich, graue Haare, Perlenohrstecker und eine filigrane Blütensilberkette über dem schwarzen Pullover, erzählt von den Anfängen: 1908 herrschte im Engadin »ein Bauboom wie heute in Dubai«, sagt sie. Das Gründerehepaar war bereits 60 Jahre alt, hatte in großen Hotels gearbeitet und schuf sich nun etwas Eigenes. »Sie wollten eine sorglose Zukunft für ihre Kinder.« Bald hätten die Kinder und Enkel erkannt, dass ohne dieses riesige Hotel die Zukunft sorgloser gewesen wäre. Ein Weltkrieg, eine Wirtschaftskrise, ein weiterer Weltkrieg, »und danach wollten die Leute etwas Modernes sehen; sie hatten genug von alten Zeiten und alten Sachen«.

So kamen manchmal im Januar nur acht Gäste am Tag, verloren sich in den Fluren, betreut von 57 Mitarbeitern plus einem Drei-Mann-Orchester. Der Großvater habe sich in den 1920er Jahren um Werbung bemüht, erzählt Kienberger-Dietrich. Oskar Kienberger fuhr nach London und schaltete in der Times ein Inserat: Er logiere im Hotel Brown und jedermann könne ihn zur Tea-Time treffen. So hätten dann Engländer reserviert.

In der Kasse war wenig Geld. Noch bis in die 80er-Jahre hätten Stammgäste gefragt, wann sie endlich die alten Möbel rausschmeißen würden, »aber plötzlich hieß es: Wehe, ihr modernisiert die Bar – dann kommen wir nie wieder«. Renoviert wurde dann behutsam, ein Hallenbad kam dazu, später ein Spa. Bis heute gibt es Zimmer wie die puppenstubenhafte Suite 170, mit alten Betten und Schränken, weißen Polsterstühlen und einer Badewanne mit metallenen Löwenfüßchen.

Felix Dietrich, Seniorchef und Kulturmanager des Hotels, schwarze Haare, grauer Bart, rotes Halstuch und eine stramm sitzende, graue Trachtenweste, war als 16-jähriger zum Arbeiten mit dem Töffli, dem Moped, von St. Gallen über viele Alpenpässe heraufgefahren. Er sagt: »Ins Engadin habe ich mich gleich verliebt«.

Im tief verschneiten Engadin kann man sich gut ins Hotel zurückziehen.

So war es auch Hermann Hesse er-
gangen. Im neu erbauten Waldhaus
traf er sich mit seinem Verleger
Samuel Fischer. Und kam immer
wieder. Viel später, dann schon
Literatur-Nobelpreisträger, wurde ihm das Engadin zur Sommer-

frische, frischer eben als der süd-
liche Kanton Tessin, wo er seit 1919
lebte. Zwischen 1949 und 1961 ver-
brachten er und seine Frau fast jeden Sommer im Waldhaus in Sils
Maria, und er schrieb so werbe-
prächtige Sätze wie diesen: »Gesehen habe ich viele Landschaften
und gefallen haben mir beinahe
alle, ... und wohl die schönste, am
stärksten auf mich wirkende von
diesen Landschaften ist das obere
Engadin.«

Das Waldhaus versammelt Kultur: Christoph Marthaler insze-
nierte zum 100. Geburtstag »Das
Theater mit dem Waldhaus«, Re-
gisseur Claude Chabrol drehte hier
»Rien ne va plus«, Donna Leon er-
holt sich von anstrengenden Lesereisen. Regelmäßig gibt es Lesung-
en – das Honorar dafür sind einige
Nächte im Haus, worüber die Auto-
renschar in Entzücken ausbricht.
Die Autorin dieses Buches mit ein-
geschlossen.

Immer wieder bringt das Hotel
Bücher heraus, die Schweizer Autorin Zora del Buono schreibt Porträts aller Angestellten, und Schriftstellerinnen und Schriftsteller
verewigen sich in einer Anthologie. Elke Heidenreich gelingt es im
Waldhaus, »einfach loszulassen«:
»Diese großen, ziemlich gleich-
gültigen Berge ansehen und über
wichtig und unwichtig nachdenken. In der Bibliothek beim Licht
grüner Lampen sitzen, die New
York Times lesen und denken: Wie
groß ist die Welt! Und wie still ist
es hier!« Der Schweizer Drama-
turg Michel Mettler schreibt von
der »Zimmerkomparatistik«: »›Ist
Ihr Hodler echt?‹ – ›Unser Bonnard
scheint es zu sein.‹ – ›Ach. Wir haben sogar im Bad Lithographien
entdeckt, allerdings ehr weit oben.
Vermutlich Picasso, die maurische
Periode.‹«

Natürlich gibt es WLAN im
Haus, aber überall sieht man Men-
schen in tiefen Fauteuils mit einem
Buch in der Hand. Überhaupt

58

stehen allenthalben Stühle und Sessel, man muss sich nicht im Zimmer verkriechen. Und man muss auch nicht aus dem Haus. Wie man hört, verbringt mancher Gast den ganzen Aufenthalt drinnen. Verzichtet auf die Kutschfahrt ins autofreie Fextal, spaziert nicht ins Nietzsche-Haus im Dorf, lässt sich auch von den Seen nicht rauslocken. Wie die Autorin Angelika Overath; sie hat sich zum Schreiben und Redigieren zurückgezogen, hat einen Drucker mitgebracht, und bekennt: »Ich habe das Hotel seit unserer Ankunft am Donnerstag nicht verlassen.«

Hermann Hesse traf im Hotel immer wieder Schriftstellerkollegen, auch seinen Freund Thomas Mann. Für Hesse muss es Lust und Qual zugleich gewesen sein, überhaupt in Hotels zu wohnen. In seinem Roman »Kurgast«, der allerdings in Baden (CH) spielt, beschreibt er die Mühsal, ein passendes ruhiges Zimmer zu finden. Der freundliche Hotelier, der sein ruhiges Zimmer zeige, ahne nicht den Sturm von Assoziationen, die dies Wort errege. Vernichtend grinse die verriegelte Verbindungstür zum Nachbarzimmer, »ergeben blicken wir zur weiß getünchten Zimmerdecke empor, welche stets im Augenblick der Besichtigung in schweigender Leere grinst, um dann abends und morgens von den Schritten der Oberwohnenden zu dröhnen.« Schritte seien das geringste Übel im Vergleich zu ungeahnten Geräuschen: »weggeworfene Stiefel, zu Boden fallende Spazierstöcke, mächtig rhythmische Erschütterungen (auf

hygienische Turnübungen deutend), umgeworfene Stühle, ein vom Nachttische stürzendes Buch oder Glas, das Rücken von Koffern und Möbelstücken. Dazu die Menschenstimmen, die Gespräche und Selbstgespräche, das Husten, das Lachen, das Schnarchen!« Man möchte anführen: und das Atmen! Man kann sich Hesse gut vorstellen, wie er im Bett liegt und seine Zeit mit Lauschen verbringt,

Hermann Hesse, 1927

um nichts zu verpassen von all den »geisterhaften Lauten«, die der »Kurgast« nicht deuten kann: »jene Klopf- und Wühlgeister, all jenes Knacken, Ticken, Flüstern, Blasen, Saugen, Rauschen, Seufzen, Knarren, Picken, Sieden...«

Im Waldhaus-Speisesaal sieht man wenig Bling-Bling. Wer auf Glamour steht, fährt ein paar Kilometer weiter in die Grand Hotels von St. Moritz. Mit einem Aufenthalt im Waldhaus kann nicht angeben, wer mit Luxus punkten möchte. Aber wer Wert auf Kultur legt, wird gerne davon erzählen. Schließlich: Adorno und Einstein waren hier, Elsa Morante und Donna Leon; Loriot und Dürrenmatt schrieben ins Gästebuch. Ins Gästebuch schreiben – Autoren verzweifeln daran. Dürren-

matt schrieb: »Wohin ich komme, wie ein Fluch/ Erwartet mich ein Gästebuch«. Man merkt dies auch den Zeilen Vico von Bülows an, dennoch erfrischend und Pathos vermeidend schrieb »Loriot« am 27. Februar 1996: »Zumeist lohnt eine Reise nicht, was immer sie zuvor verspricht. Nur wer sich hier im Waldhaus bettet, ist ein für alle Mal gerettet.«

**HOTEL WALDHAUS
SILS-MARIA
Engadin, Schweiz
waldhaus-sils.ch**

*»Wohl die schönste, am stärksten auf mich wirkende von diesen Landschaften ist das obere Engadin.«
Hermann Hesse*

Ein Bauboom wie heute in Dubai: Um die vorige Jahrhundertwende wurden im Engadin viele Hotels gegründet, so auch das Waldhaus Sils.

*Thomas, Katia und Elisabeth Mann
1931 im Winterurlaub.*

Hier begann das Exil von Katia und Thomas Mann

WALDHOTEL AROSA

Engadin, Schweiz

Statt Liegekuren genießt man heute in Arosa den Luxus gehobener Hotellerie.

Es gab Zeiten, da fuhr man in die Schweizer Berge, um nicht zu sterben. Wer an Lungenkrankheiten litt, hatte kein anderes Mittel zur Wahl als frische Gebirgsluft. Daher fand man die Kranken, die Hustenden und Siechenden bei Liegekuren, eingemummelt auf den Loggien der Sanatorien »bei Nacht und Nebel auf dem Balkon« liegen.

»Man lag aber ganz ungewöhnlich bequem« auf einem Liegestuhl »aus rotbraun poliertem Holz«, beschreibt es Thomas Mann. Und »eine Matratze mit weichem, kattunartigem Überzug, eigentlich aus drei hohen Polstern zusammengesetzt, reichte vom Fußende bis über die Rückenlehne hinauf. Hans Castorp blinzelte und ruhte. Durch die Bögen der Loggia gesehen, wirkte die harte und karge, aber grell besonnte Landschaft draußen gemäldeartig und wie eingerahmt«.

So begann es auch mit dem Waldhotel Arosa. 1910 wurde es als Waldsanatorium und Kurhaus eröffnet. Bald galt es als wirksame Heilanstalt für Lungenkranke. Um sich von einem Lungenleiden zu kurieren, kam 1911 der Dichter Christian Morgenstern mit seiner Frau. Zu den Gästen, oder besser gesagt Patientinnen, gehörte schon früh, 1912, Katia Mann, geborene Pringsheim. Sie war zur Kur nach Davos gefahren und kam zur Nachbehandlung nach Arosa, und so bringen sich die beiden Orte wechselseitig gerne in Verbindung mit ihren Kuraufenthalten.

Eine ungewöhnliche Frau: Als erstes Mädchen machte sie in München Abitur und konnte an der Universität Vorlesungen besuchen. Sie interessierte sich für Natur-

wissenschaften und Philosophie.
Als 1904 der sieben Jahre ältere
Schriftsteller Thomas aus Lübeck
um sie warb, war sie »nicht so sehr
enthusiasmiert«. Sie habe sich sehr
wohl und lustig in ihrer Haut und
in ihrem Leben mit »dem Studium,
mit den Brüdern, dem Tennisklub«

gefühlt. 1905 heiratete das Paar
schließlich. Katia Mann bekam
sechs Kinder und einen Mann, den
Haushalt und Familie überforderte
– und Lungenbeschwerden. Ob es
Tuberkulose war, wurde nicht genau diagnostiziert.

Ab 1912 fuhr sie immer wieder monatelang nach Davos und
eben nach Arosa, ins Waldsanatorium. Ihrem Mann schrieb sie lan-

ge Briefe aus dem Kuraufenthalt,
er besuchte sie – und ließ dies alles
in seinen Roman »Der Zauberberg«
einfließen. Das Sanatorium in seinem Roman siedelte Mann zwar in
Davos an, doch der Speisesaal äh-
nelt stark dem im Waldsanatorium
Arosa: »Sieben Tische standen im
Speisesaal, die meisten in Längs-
richtung, nur zwei in die Quere.
Es waren größere Tafeln, für zehn
Personen jede. (...) Der Saal war in
jenem neuzeitlichen Geschmack
gehalten, welcher der sachlichs-
ten Einfachheit einen gewissen
phantastischen Einschlag zu geben weiß. Mehrere Kronleuchter,
elektrisch, aus blankem Messing,
schmückten den Saal, bestehend
aus je drei übereinander gelager-
ten Reifen, welche mit zierlichem
Flechtwerk verbunden waren und
an deren unterstem wie kleine
Monde Milchglasglocken im Kreis
gingen.«

Gut zwanzig Jahre später. Die
Erfindung von Antibiotika gegen
Tuberkulose beendete die klassi-
sche Luftkur im Gebirge. Das Waldsanatorium schloss 1932 als Lun-
genklinik und wurde zum Neuen
Waldhotel. Genau hier wird das
Exil der Manns beginnen. 1933 waren sie im Februar zur Erholung
angereist, machten Winterferien
im Hotel Waldhaus. Der Schriftsteller ging gerne spazieren, Katia fuhr
Ski. In Arosa erfuhren sie von der
Machtergreifung der Nationalsozialisten.

Katia Mann erinnert sich in ihrem Buch »Meine ungeschriebenen
Memoiren«, wie sich die Gäste des
Waldhotels vor dem Radio versammelten, um die Nachrichten über

den Ausgang der Reichstagswahlen zu hören: »Ich saß mit meiner Tochter Medi vor dem Apparat und sagte immer: Es ist doch überhaupt lächerlich! Das sind doch gar keine freien Wahlen! Die Opposition haben sie ja zum größten Teil eingesperrt. Was soll denn das? Und da sagte jemand: Aber gnädige Frau, nehmen Sie sich doch in acht! Ich brauche mich nicht in acht zu nehmen, sagte ich, wir können sowieso nicht mehr zurück.«

*»Die Landschaft gemäldeartig
und wie eingerahmt«
Thomas Mann*

Katia Mann galt als Jüdin, Thomas Mann war zwar Literatur-Nobelpreisträger, aber er hatte sich mit einer öffentlichen Rede gegen die Nationalsozialisten ausgesprochen, die Kinder Klaus und Erika Mann waren ebenfalls vehemente Gegner – die Geschwister beknieten ihre Eltern, nicht nach Deutschland zurückzukehren. Erika Mann sammelte im Haus in München die

Manuskripte von Thomas Manns mehrbändigem Joseph-Roman ein und brachte sie in die Schweiz. Die Odyssee der Manns begann: Sie flüchteten erst nach Südfrankreich, kamen wieder in die Schweiz, wo sie bald als jüdische Flüchtlinge

auch nicht mehr wohlgelitten waren, 1938 schließlich emigrierten sie in die USA.

Das Waldhaus in Arosa erfuhr weitere Änderungen. Ab 1938 nutzte es die Schweizerische Eidgenossenschaft als Militärspital, danach wurde erneut mehrfach an- und umgebaut. Ein Hallenbad kam dazu, später natürlich ein Spa- und Wellnessbereich, und schon seit langem heißt es Waldhotel Arosa. Zwei der Restaurants erinnern an den berühmten Gast: Eines heißt

Thomas Mann, das andere Zauberberg. Das bevorzugte Zimmer des Schriftstellers war das mit der Nummer 308, und draußen am Waldhotel ist eine Bronzetafel angebracht: Hier verbrachte Thomas Mann die ersten Wochen seines Exils und schrieb 1934 am Joseph-Roman.

WALDHOTEL AROSA
Engadin, Schweiz
waldhotel.ch

Christian Morgenstern

Erich Mühsam auf dem Monte Verità, ca. 1904

Ein Zufluchtsort für Großstädter wie Erich Mühsam

HOTEL FONDAZIONE MONTE VERITÀ

Tessin, Schweiz

Es war ein Kommen und Gehen im Tessin, vor gut hundert Jahren. Die Tessiner wanderten aus. Sie verließen ihre engen Täler, ihre überbevölkerten Dörfer, wollten nach Norditalien in die Fabriken, oder nach »La Merika« – irgendwohin, wo das Leben besser war. Zur gleichen Zeit wanderten Menschen von nördlich der Alpen ins Tessin ein, auch sie auf der Suche nach einem besseren Leben. Sie kamen als Aussteiger. Ihr Ziel hieß »Monte Verità«.

396 Stufen und ein paar hundert Meter steile Straße führen von Ascona herauf auf den Monte Verità. Erst war hier bäuerliches Land, die Menschen waren arm, es gab Polenta und Kastanien Tag für Tag. Aus schierer Not verkauften im 19. Jahrhundert Tessiner Bergbauern ihre acht- bis fünfzehnjährigen Kinder zum Arbeiten nach Mailand. Die Kinder mussten in Kamine klettern, viele kamen bei der ungesunden Arbeit ums Leben. Davon handelt »Die schwarzen Brüder«, ein Klassiker der Kinderliteratur.

Die Autorin Lisa Tetzner (1894–1963) war 1933 zusammen mit ihrem Ehemann Kurt Held aus Schlesien ins Tessin emigriert. Genaugenommen hatte Kurt Held den Roman geschrieben, doch als politischer Flüchtling durfte er in der Schweiz nicht publizieren; er ließ das Buch unter dem Namen seiner Frau verlegen. Diese war durch eine Zeitungsnotiz auf die »kleinen Schweizer Sklaven« aufmerksam geworden: »In notdürftige Lumpen gehüllt müssen sie, klappernd vor Kälte und entkräftet vor Hunger, von früh morgens bis spät abends unter dem fortwährenden Geschrei *Spazzafornello* die Stadt von einem Ende zum andern durchziehen.«

»Der lüge zur fernichtung,
der warheit zum sige«.
Ida Hofmann

Um 1900 herum sah man dann in Ascona Erwachsene, die auch geradezu in Lumpen gehüllt gingen, dies allerdings freiwillig: Anarchisten, Naturapostel und frühgereifte

Grüne suchten auf dem Hügel über Ascona die Alternative zu Kommunismus und Kapitalismus, den Dritten Weg. Der belgische Industrielle Henri Oedenkoven und die Pianistin und Feministin Ida Hofmann kauften den Hügel Monescia und tauften ihn »Monte Verità«, Berg der Wahrheit.

Ascona wurde von Denkern und Dichtern überrollt. Ida Hof-

mann, Mitbegründerin der »vegetabilischen Kolonie«, setzte sich für eine Rechtschreibreform ein – und diese gleich um, so in einem Brief von 1904. Sie wollten keineswegs behaupten, »die warheit gefunden zu haben, monopolisiren zu wolen, sondern dass wir entgegen dem oft lügnerischen gebaren der geschäftswelt, u. dem her konvenzioneler forurteile der geselschaft,

camere
132-137

danach streben, in wort u. tat ›war‹ zu sein, der lüge zur fernichtung, der warheit zum sige zu ferhelfen«.

Grobkörnige alte Fotos vom »Berg der Wahrheit« sind bekannt: ein nicht mehr junger Mann mit langem grauen Haar, nackt mit einem Spaten bei der Gartenarbeit. Frauen in Wallegewändern oder nackt beim Reigen. Anarchisten, Vegetarier, Künstler, die auf dem Hügel freie Liebe und nacktes Gärtnern propagierten.

»Kommen noch die Nackten her?« – Lorenzo Sonognini, Direktor der Stiftung Monte Verità, grinst. »Meistens antworte ich: ›da sind Sie hundert Jahre zu spät dran‹.« erklärt er. Aber doch, es komme vor. »Erst letzte Woche, das waren junge Leute von einem Kongress, um Mitternacht haben alle nackt auf der Wiese getanzt.«

Früher gab es leidlich Spott für die Sinn- und Wahrheitssucher. Von literarischen Berliner Nachtcafés in die Licht- und Lufthütten über dem Lago Maggiore reiste 1905 Erich Mühsam an. Aber es gefiel dem Anarchisten und Kabarettisten nicht. Er spottet über die Kolonie, »hübsch für diejenigen, die mit leerer Tasche sich zu den Kommunisten hinzufanden«. Vegetabilismus ohne revolutionär-sozialistische Basis reiche nicht aus für eine kommunistische Siedlung, zumal bei »Mitwirkung weiblicher Kräfte«. Mühsam taufte die ganze Veranstaltung »Salatorium«, von früh bis spät habe er »Äpfel, Pflaumen, Bananen, Feigen, Wal-, Erd- und Kokosnüsse kauen müssen. Es war schauderhaft, und ich fühlte meine Kräfte schwinden. Da ging

ich ins Dorf hinunter, setzte mich in eine solide Osteria, ließ mir ein Beefsteak geben, trank einen halben Liter Wein dazu und rauchte danach eine große, dicke Zigarre«. Immerhin kam durch Mühsams Vermittlung eine berühmte Frau nach Ascona: Franziska zu Revent-

low. Die Münchner Autorin heiratete einen Russen, auf eine Erbschaft spekulierend. Daraus entstand ihr vergnüglicher Roman »Der Geldkomplex«. Die Protagonistin nistet sich im Sanatorium ein, nimmt aber immer wieder Reißaus, »will ins Dorf hinuntergehen und ein Glas Wein trinken, hier oben

Hochgeistige Gespräche ja, aber geistige Getränke nein: Franziska von Reventlow büchste vom »Monte Verità« aus und ging ins Dorf hinunter.

sind geistige Getränke verpönt«. Reventlow starb im Tessin nach einer Operation. »Mich wird's hier nicht immer halten können«, hatte Mühsam geschrieben und ging zurück nach Deutschland. Wäre er nur geblieben: 1933 wurde Erich Mühsam von der SA verhaftet, 1934 im KZ Oranienburg bei Berlin ermordet.

Auch Hermann Hesse, geboren 1877 im schwäbischen Calw, hatte das Tessin oft besucht, verbrachte einige Zeit auf dem Monte Verità in Ascona, zu einer Alkohol-Entziehungskur. »Klingsors Neigung zum Trunk. Diese Neigung war bei ihm vorhanden«, schrieb er darüber wenig verschlüsselt in »Klingsors letzter Sommer«. Ein Foto zeigt ihn von hinten, nackt wandernd.

1926 kaufte Baron von der Heydt das gesamte Anwesen. Er stellte den hölzernen Hütten der Gründer ein Bauhaus-Hotel zur Seite, erschaffen vom Düsseldorfer Architekten Emil Fahrenkamp, mit einem begehbaren Flachdach, Loggien und großen Fenstern.

Das Hotel steht elegant und weiß auf dem Hügel. Keine Geranien an den Balkonen, keine Fernseher, keine Klimaanlage. Dafür puristische Eleganz mit Stahlrohrbetten, Repliken von Wagenfeld-Lampen auf dem Nachttisch. 2013 bekam das Hotel den Schweizer Spezialpreis »Historisches Hotel des Jahres« verliehen, vor allem für »den kontinuierlichen und sorgfältigen Erhalt eines der wenigen Hotels der klassischen Moderne in der Schweiz«. Heute hält hier die Eidgenössische Technische Hochschule Zürich jährliche Kongresse ab.

Zu den Veranstaltungen kommen Architekten, Psychologen, jedenfalls Akademiker, denn »die Fondazione Monte Verità organisiert keine Business-Kongresse«. Entsprechend mickrig, für Tessiner Verhältnisse, machen sich die Fahrzeuge auf dem Hotelparkplatz. Kein Lamborghini, nicht einmal ein kleiner Porsche zu sehen. Natürlich gibt es auch Kultur-Abende und Kongresse zum historischen Kulturerbe des Monte Verità und der Region Ascona, zu den Geisteswissenschaften und Künsten.

Abend auf dem Balkon. Stille, Vogelzwitschern. Ein rotes Wolkengetürm steht über dem Lago Maggiore. Morgens lag im Wald nahe dem Hotel ein Hexagramm aus Zweigen, sie fänden immer wieder so etwas, sagte Sonognini. Wer macht das, was sind das für Leute? Sind das schwarzgekleidete Jugendliche, oder Althippies in Sandalen? »Ich weiß es nicht. Der Monte Verità ermöglicht so etwas. Oder die Energie des Ortes baut so etwas selbst.« – Meinen Sie das im Ernst?? – »Nein, das ist ein Witz! Ich bin Wissenschaftler.«

BAUHAUS-HOTEL ALBERGO FONDAZIONE MONTE VERITÀ
Ascona, Tessin, Schweiz
monteverita.org

Im Bauhaus-Hotel trafen und treffen sich Geistesgrößen und Koryphäen der Wissenschaft.

James Joyce in Triest, 1912

James Joyce wohnte hier – als er noch Englischlehrer war

VICTORIA HOTEL LETTERARIO

Triest, Italien

Lesen – und dann spazierengehen in
»La nostra bella Trieste«, wie Joyce schrieb.

Maike Albath mit der
James-Joyce-Statue in Triest

Mitteleuropa – für die Menschen in der Region Friaul und in Triest bezeichnet dieses Wort ihre Heimat, die Nachfolgestaaten der K.u.k.-Monarchie sowie Bayern würde man noch dazu nehmen, aber Hamburg etwa gilt allenfalls als westeuropäisch. Triest selbst sieht sich als »città mitteleuropea« – das Wort »mitteleuropeo« ist in den italienischen Sprachgebrauch eingegangen. Triest gehörte bis 1918 zu Österreich und war ein multikulturell vielfältiges Zentrum. Das Nebeneinander in Triest ähnele Ablagerungen am Strand, zwischen denen sich »der Künstler als junger Mann« bewegt. Und nicht zufällig habe sich James Joyce, der Schöpfer dieser Romanfigur, in der »wirren und reglosen Sphäre der Triestiner Kneipen zu Hause gefühlt«, schreiben Claudio Magris und Angelo Ara in ihrem Klassiker »Triest – Eine literarische Hauptstadt in Mitteleuropa«.

James Joyce, geboren 1882 in Dublin, schuf so weltbekannte Werke wie »Dubliner«, »Ulysses« und »Finnegans Wake«, aber dahin war es ein langer Weg.

1904 zog der Ire mit seiner jungen Freundin Nora Barnacle nach Triest. Joyce sollte Englischlehrer an der Berlitz-Sprachschule werden. James und Nora kamen am 20. Oktober in Triest an und er ließ sie im Garten des Bahnhofs zurück, um eine Unterkunft für die Nacht zu suchen. Doch er geriet in einen Streit zwischen betrunkenen Seeleuten. Die Polizei rückte an, er wurde festgenommen. Erst Stunden später konnte er Nora auf der Bahnhofsbank abholen.

Jedoch: Der Job bei der Sprachschule war bereits vergeben. Man reichte den Iren weiter nach

Istrien, wo er Marineoffizieren Englisch beibrachte. Danach landeten die beiden jungen Leute endlich in Triest und blieben dort mit Unterbrechungen zehn Jahre. Wenn Joyce nicht unterrichtete, zog er durch die Stadt und verbrachte Stunden in den Kaffeehäusern. Das junge Paar bekam Kinder, zog einige Male um. So wohnten Joyce und seine spätere Ehefrau Nora in einem Apartment im dritten Stock in der Via Alfredo Oriani 2, die damals noch Via Barriera Vecchia hieß, mussten jedoch wieder ausziehen, da sie die Miete nicht bezahlen konnten.

In genau diesem Haus im Herzen der Stadt empfängt nun seit 2008 das Victoria Hotel Letterario seine Gäste. Das Hotel zieht literarisch interessierte Menschen an – und wer ein Buch geschrieben hat und es der Hotelbibliothek stiftet, bekommt Rabatt auf seine Rechnung. Natürlich gibt es eine James-Joyce-Suite, mit Zitaten aus seinen Werken auf Italienisch an Vorhängen und auf Sesselbezügen.

»Abenteuer stoßen nicht dem zu, der zu Hause bleibt. Abenteuer wollen in der Fremde gesucht werden.«
James Joyce, Dubliners

Joyce beendete Triest »Dubliner« und begann mit seinem berühmtesten Roman »Ulysses«. Man kann auf einer Route durch die Stadt seinen Spuren folgen. So steht in der Via Roma eine Skulptur Joyce des Triestiner Bildhauers Nino Spagnoli. Im Caffè Stella Polare soll James seinem Bruder, der für einige Zeit wie auch zwei seiner Schwestern nach Triest gezogen war, seine Erzählungen vorgelesen haben.

Zu Joyces Schülern in Triest zählte Ettore Schmitz, bekannt geworden als Italo Svevo, der mit seinem Künstlernamen das Spezifische Triests ausdrückt: Der »schwäbische Italiener« sprach Deutsch und Italienisch, ein Mitteleuropäer eben. Nun wollte er zudem Englisch lernen. Svevo hatte zwei Romane geschrieben, die aber keine Beachtung fanden. Er resignierte, und hätte ihn Joyce nicht dringend ermutigt, wäre wohl sein Meisterwerk »Zeno Cosini« nicht entstanden.

Weniger bekannt war der Schriftsteller Roberto »Bobi« Bazlen, geboren 1902 in Triest. 1939 zog er nach Rom und gründete dort einen Verlag. Ihm widmet Maike Albath ihren erzählenden Essay »Rückkehr nach Triest«. Die Berliner Übersetzerin, Journalistin und Essayistin erhielt unter anderem 2002 den Alfred-Kerr-Preis. Albath lebte in Turin und Padua und schrieb Bücher über das Geistesleben Turins und Roms. Maike Albath kam mit einem einwöchigen Aufenthaltsstipendium ins Hotel Letterario. Üblicherweise schreiben Stipendiaten etwas über den jeweiligen Ort, es sei »im Grunde das, was Blogger heute machen, nur eben edler« sagt Daniela vom Hotel. Und so spielt auch in Maike Albaths Text das Hotel eine Rolle.

Die Erzählung beginnt mit den Worten: »Er sah sich vorsichtig in der Lobby um. Auf dem Ledersofa an der Rezeption hatte eine Familie Platz genommen, die im Aufbruch war und ihr Gepäck zählte. Der Vater beglich gerade noch die Rechnung, das Kindermädchen richtete die Frisur der jüngsten Tochter, zwei ordentlich gekämmte Jungen saßen kerzengerade neben der Mutter, die in ihrer Handtasche die Reiseunterlagen zusammen klaubte. (...) Bobi Bazlen ließ sich an einem Tisch nahe der Wand nieder und griff nach der Zeitung. Es war das Lokalblatt. Er las ein paar Zeilen, dann ließ er wieder seinen Blick schweifen. Niemand wusste

von seiner Ankunft in Triest, und niemand vermutete ihn im Hotel Victoria. Es war ein Montagmorgen im Herbst 1955.« Ihr Essay »mit semifiktionalen Elementen«, so Maike Albath, ist noch nicht erschienen, er soll Teil eines Buches werden über Triest. Denn mit der Stadt sei sie »seit Jahrzehnten verbunden«.

»La nostra bella Trieste!« eben, wie Joyce in einem Brief an seine Frau schrieb. Er sehne sich danach, »die Lichter entlang der riva glitzern zu sehen, wenn der Zug an Miramar vorbeifährt. Schließlich ist es die Stadt, Nora, die uns Zuflucht gewährt hat.«

VICTORIA HOTEL LETTERARIO
Triest, Italien
hotelvictoriatrieste.com/de/

Lucio Dalla

Hier schrieb
Lucio Dalla sein
berühmtestes Lied

GRAND HOTEL EXCELSIOR VITTORIA

Sorrent, Italien

Der Golf von Neapel zählt zu den schönsten Landschaften Italiens – und schon früh wurde die Region für den Tourismus entdeckt. Bald entstanden Nobelhotels in Neapel und an der Amalfiküste, auf den Inseln und in Sorrent.

In Neapel wuchs ein neues Viertel am Meer entlang. Der Lungomare, aber auch der prächtige Corso Umberto I, entstanden nach 1884. Damals hatte eine Choleraepidemie in Neapel gewütet, der Umbau der Stadt begann, Schneisen wurden in die Altstadt geschlagen, um Luft hereinzulassen. In dieser Zeit war Neapel mit über einer halben Million Einwohnern die größte Stadt Italiens. Der Stadtumbau war notwendig, die hygienischen Zustände waren katastrophal, doch es war auch eine frühe Gentrifizierung. Arme Leute mussten weichen, Stadtpaläste entstanden. Am Meer reihten sich Grandhotels im aufgehübschten Stadtteil Santa Lucia aneinander. Wem bei der Erwähnung dieses Namens ein Lied durch den Kopf geht – genau:

Santa Lucia ist eine »Canzone Neapolitana«. Es geht nicht um eine Kirche, ausnahmsweise auch nicht um eine Angebetete, sondern um den Fischerhafen. »Santa Lucia« wurde das Heimwehlied der Auswanderer. Die Emigranten, die zu

GRAND HOTEL EXCELSIOR VITTORIA
Sorrent, Italien

Tausenden Süditalien verließen, warfen von hier einen letzten Blick auf ihr »süßes Napoli«: »O dolce Napoli, o suol beato …«

Investoren wie der belgische Finanzier Oscar du Mesnil reisten an, der 1882 am Lungomare das »Grand Hôtel du Vesuve« bauen ließ. Berühmte Gäste waren Caruso, Bogart und Pavarotti, Rita Haywort und Gina Lollobrigida sowie die Medizin-Nobelpreisträgerin Rita Levi Montalcini. Und während des G7-Gipfeltreffens im Jahr 1994

Eine der schönsten Landschaften Italiens: Der Golf von Neapel war schon früh ein beliebtes Reiseziel illuster Gäste.

logierten hier die Delegationen des Weißen Hauses, des Élysée-Palasts und des Palazzo Chigi.

Und wer nach Neapel kam, reiste meist weiter nach Sorrent. Dort thront über den Hafen das Grand Hotel Excelsior Vittoria, seit 1834 im Besitz der Familie Fiorentino. Der Legende nach liegen Überreste der Villa des römischen Kaisers Augustus unter dem Hotel. Das Nobelhotel mit 84 Zimmern und Suiten beherbergte bereits Richard Wagner und Oscar Wilde – heißt es. Ob Oscar Wilde wirklich im Hotel war, ist nicht so ganz sicher. Heute schmücken sich Hotels gerne mit dem Namen des irischen Dramatikers, damals, 1897, warf man ihn eher raus, so etwa auf Capri im Luxushotel »Quisisana«. Das bedeutet: *Hier wird man gesund.* Denn ursprünglich war es eine Kuranstalt, die ein Schotte 1868 in eine luxuriöse Pension umwandelte.

»Dort, wo das Meer glitzert…«
Lucio Dalla

Verbürgt im Grandhotel in Sorrent ist hingegen der Besuch von Lucio Dalla; der berühmte italienische Liedermacher und Lyriker wird in Italien als ebenbürtig mit Bob Dylan gesehen und eines Literatur-Nobelpreises würdig. Dalla cruiste mit seiner Yacht im Golf von Neapel. Doch dann hustete der Motor seiner Yacht Catarro (Katarrh). Der Liedermacher ließ sie in die Bucht von Sorrent schleppen und brauchte ein Zimmer. »Natürlich kam er ins Excelsior Vittoria«, erzählt Consierge Carmine Montefasco, der seit 35 Jahren in dem Grandhotel

arbeitet, und fährt fort: »und natürlich gaben sie ihm das Caruso-Zimmer«.

Lucio Dalla fragte nach, wann und warum war Enrico Caruso im Hotel? Und daraus entstand 1986 das berühmteste Lied Dallas, »Caruso«:
Qui dove il mare luccica
E tira forte il vento…
Dort, wo das Meer glitzert
und eine starke Brise weht,
umarmt ein Mann ein Mädchen
auf einer alten Terrasse,
über dem Golf von Sorrent.
Das Lied erzählt von den Nächten in Amerika, an die Enrico Caruso denkt. Dort war er berühmt – in Neapel aber war der Tenor im Teatro San Carlo ausgebuht worden. Er schwor, nie mehr in seiner Heimatstadt aufzutreten. Und so kam er am Ende seines Lebens ins Grandhotel in Sorrent. In der Caruso-Suite steht ein Klavier, auf dem soll er

gespielt haben. Das Mädchen, das er auf der Terrasse umarmt, war seine letzte Ehefrau, die 20 Jahre jüngere Amerikanerin Dorothy Park Benjamin. Die Geschichte geht aber noch weiter: Dalla drehte später auch das Video zum Lied »Caruso« hier.

Wer heute durch die alte Glastüre eintritt und die Lobby mit den großen Palmen durchschreitet, tritt auf die berühmte Terrasse. Das Hotel liegt auf einer hohen Klippe mit spektakulärem Blick über den Golf von Neapel mit dem Vesuv und ist umgeben vom üppigem Grün eines mediterranen Gartens.
Heute kann man im Grandhotel Excelsior Vittoria nicht nur in der Caruso-Suite, sondern auch in ei-

ner Dalla-Suite übernachten. Und natürlich geht der Blick von dort auf den Golf von Sorrent – wo das Meer glitzert.

GRANDHOTEL
EXCELSIOR VITTORIA
Sorrent, Italien
https://m.exvitt.it

GRAND HOTEL EXCELSIOR VITTORIA
Sorrent, Italien

In der Caruso-Suite steht noch das alte Klavier – und hier zog auch Lucio Dalla ein.

D. H. Lawrence (1885-1930),
Ende der 1920er Jahre

Wo sich D.H. Lawrence zu Lady Chatterley inspirieren ließ

BELMOND GRAND HOTEL TIMEO

Sizilien, Italien

Sogar Kaiserin Sisi war schon zu Gast:
das alte – und das neue – Hotel Timeo.

Schon um die vorige Jahrhundertwende war das Hotel Timeo in Taormina eine Legende. Los ging es mit einem deutschen Maler: Friedrich Wilhelm Otto Geleng, 1843 in Berlin geboren, reiste in den 1860er-Jahren durch Sizilien. Er ließ sich in Taormina nieder und wohnte in einer einfachen Unterkunft, mitten in einem Orangenhain. Erste Besuchter kamen und ritten auf Eseln den Ätna hinauf. Geleng malte all das, den Ätna, das antike griechische Theater, den Orangenhain, und seine Bilder wirkten zuhause wie Tourismusplakate. Doch ihm wurde vorgeworfen, das seien idealisierte Abbildungen, so schön könne es da gar nicht sein. Also lud Geleng Journalisten ein und machte aus dem Haus, in dem er zu Gast war, das Hotel »Timeo«, das bald weitere Künstler und Reisende anlockte.

Taormina wurde zum Urlaubsziel der oberen Zehntausend: König Georg V. von England, Kaiser Wilhelm II., Kaiserin Elisabeth von Österreich, die Rothschilds, die Krupps, alle kamen. Die Stadt dankte es dem deutschen Maler und machte ihn zum Bürgermeister. Dabei hatte ein Deutscher schon weitere hundert Jahre zuvor von Taormina geschwärmt. Goethe beschrieb 1787 das Zusammenspiel von antikem griechischen Theater und dem Vulkan als »das ungeheuerste Natur- und Kunstwerk«.

Aber was tun, wenn man sich das edle Hotelzimmer nicht leisten kann? Man trifft sich mit anderen Gästen auf der nicht minder edlen Hotelterrasse. So hielt es auch der Brite D.H. Lawrence in den 1920ern.

Er lebte bei Taormina, hatte mit seiner Frau eine kleine Villa

97

gemietet, aber hin und wieder sah man ihn auf der Terrasse des Belmond Grand Hotel Timeo. In Sizilien schrieb er große Teile seines Skandalromans »Lady Chatterley's

Lover«. Dazu soll ihn das Gerücht um eine britische Lady animiert haben, die in Taormina gelebt hatte, mit einem ehrenwerten Sizilianer verheiratet war, aber einer Liebschaft mit einem Bauern verfallen war.

Lady Florence Trevelyn, so ihr Name, blieb der Nachwelt als emsige Gärtnerin in Erinnerung. Sie war ab 1877 als 25-Jährige zu einer zweijährigen Europareise auf-

gebrochen, gemeinsam mit einer Cousine. Am Ende der Reise ließ sie sich in Sizilien nieder, kaufte sich eine felsige Halbinsel, baute ein Haus darauf und fing mit dem Gärtnern an. Heute ist der Felssporn ein Naturschutzgebiet des World Wide Fund for Nature. Einer ihrer Privatgärten wurde zum Stadtpark Taorminas.

»Sind Sie nie in Italien gewesen? Oh, aber es ist wunderbar!«
D.H. Lawrence

Der Brite D.H. Lawrence war schon einige Jahre durch Italien gereist, bevor er nach Sizilien kam. Anfangs aber logierte er in völlig anderen Hotels – und war zu Fuß unterwegs. Er und seine geliebte Frieda waren ein heimliches Liebespaar, aus England geflüchtet, die Frau mit einem anderen verheiratet. D.H. Lawrence, damals noch Literaturstudent, hatte bei seinem Dozenten Weekley mal zum Tee vorbeigeschaut. Frieda Weekley sah ihn und dachte: »Was für ein Vogel mochte das sein?«

Sie saßen also in Bayern, das Geld ging ihnen aus. Bis eine Verwandte riet: »Sind Sie nie in Italien gewesen? Oh, aber es ist wunderbar! Warum nicht hingehen und einen Teil der Strecke zu Fuß zurücklegen!« Also wanderten sie im August 1912 los: die Deutsche Frieda Weekley, geborene Von Richthofen, die den Gatten mit den drei Kindern in Nottingham sitzen ließ. An ihrer Seite Lawrence, »wir waren glücklich, frei, auf dem Weg in das Abenteuer und in die Fremde«, schreibt sie Jahre später.

Auf einen Drink auf der Terrasse mit Ätna-Blick, das ließ sich auch D.H. Lawrence nicht nehmen.

»Vogelfrei« und losgelöst von Konventionen lebten D.H. Lawrence und Frieda Weekley auf Sizilien.

Von der Fußreise nach Italien handelt D.H. Lawrences autobiografischer Roman »Mr. Noon«. Er »hatte seinen braunen Rucksack auf dem Rücken, seinen alten braunen Hut auf dem Kopf. Sie hatte ihren leichteren, grauen Rucksack, ihren alten Panamahut mit einem kirschroten Band auf dem Kopf – und sie trug ihr dunkles Kleid aus Baumwollvoile.« So mancher Hotel-Wirt entlang ihres Weges muss entsetzt gewesen sein, »manchmal bereiteten sie auf dem Spirituskocher im

BELMOND GRAND HOTEL TIMEO
Sizilien, Italien

Schlafzimmer kleine Kalbs-, Rinder- oder Nierenbraten zu«. Friedas Vater schreibt: »Du fährst in der Welt herum wie eine Barmamsell!« Aber sie fühlte sich »wunderbar frei, wahrhaft ›vogelfrei‹«.

Weekley ließ sich scheiden, die beiden heirateten und bleiben bis zu Lawrence's Tod 1930 zusammen. Das Liebespaar reiste um die Welt, lebte auf Sizilien, in Mexiko und in den USA. Frieda schrieb: »Könnte ich nur die Fröhlichkeit dieser Fußreise nach dem romantischen Italien zurückrufen!« Am Gardasee angekommen fühlten sie sich plötzlich schäbig, »zwei Landstreicher mit Rucksäcken«, schreibt Frieda von Richthofen-Weekley-Lawrence-Ravagli.

Die Zeit des Weltkriegs verlebten sie in England, im März 1920 zogen sie nach Sizilien und blieben drei Jahre, wohnten außerhalb von Taormina, in Fontana Vecchia, »schön und kühl«, so Lawrence. 1950 zog in dieselbe Villa Truman Capote mit seinem Lebensgefährten, dem Schriftsteller Jack Dunphy, ein. Auch die beiden waren Gäste auf der Hotel-Terrasse, ob sie Tee oder anderes getrunken hatten, ist nicht überliefert. So wie auch nicht klar ist, ob Tennessee Williams und Henry Faulkner in ihrer Zeit auf Sizilien im Belmond Grand Hotel Timeo nächtigten. Ganz sicher aber kamen Filmgrößen wie Cary Grant, Elizabeth Taylor, Richard Burton und Audrey Hepburn.

Heute speisen Gäste im Otto-Geleng-Restaurant. Und von der Hotel-Terrasse aus sieht man den Ätna. Es ist noch derselbe Blick, den Goethe gepriesen, den der Maler verewigt hatte und mit dem der Ruhm des Hotels Timeo begann.

**BELMOND
GRAND HOTEL TIMEO
Sizilien, Italien
belmond.com/hotels/
europe/italy/taormina/
belmond-grand-hotel-timeo**

Zelda und Scott Fitzgerald, 1926

BELLES RIVES

Wie Zelda und Scott Fitzgerald den Sommer an der Côte d'Azur erfanden

HOTEL BELLES RIVES

Juan-les-Pins, Frankreich

Dieses Blau! Als 1887 der französische Dichter Stéphen Liégard sein Buch »La Côte d'Azur« veröffentlichte, fühlten sich lange schon Literaten von der »Blauen Küste« angezogen. Man traf sich zum Flanieren und Entspannen – im Winter. Vermögende Engländer überwinterten in Nizza, spazierten an der *Promenade des Anglais*. Deutsche folgten und bald auch Russen. Nikolai Gogol besuchte die Côte d'Azur, Anton Tschechow hoffte, in Nizza seine Tuberkulose kurieren zu können.

Dieses Blau also. Warum es nur im Winter genießen? Angenehm sei es, »hoch über einem Meer, das so geheimnisvoll gefärbt war wie die Achate und Karneole der Kindheit, grün wie grüne Milch, blau wie Waschwasser, weindunkel.« – So blumig versuchte F. Scott Fitzgerald eine Beschreibung. Gemeinsam mit seiner Frau, der Schriftstellerin und Balletttänzerin Zelda Fitzgerald, und ihrer gemeinsamen Tochter kam er 1925 nach Juan-les-Pins. Im Sommer.

Der Erste Weltkrieg hatte die westliche Welt grundlegend erschüttert, aus den Kriegsheimkehrern wurde eine Lost Generation: junge Männer, deren Lebensläufe unterbrochen waren. Wer es sich leisten konnte, reiste nun. Die Fitzgeralds landeten in einer Bucht am Cap d'Antibes, in der »Villa Saint Louis«. In Fitzgeralds Roman »Zärtlich ist die Nacht« wird die Villa zum Resort für wohlhabende Amerikaner, die ihre Zeit mit Schwimmen, Partys und Champagner verschwenden. »Sie stecken Ihren Kopf jetzt am besten in kaltes Wasser«, heißt es an einer Stelle im Roman. Die Antwort lautet: »Ja, meinen Sie? Zu nüchtern möchte ich jetzt auch nicht werden.«

Die Hauptpersonen des Romans, das Ehepaar Diver, hätten den Ort, den Sommer an diesem Meer, »erfunden«, heißt es im Roman. Mit den Divers war vermutlich das exzentrische und schwerreiche Ehepaar Murphy gemeint. Sara Murphy war bekannt dafür, lange Perlenketten zu tragen. Am

Strand. Die Murphys luden die Fitzgeralds ein, Picasso und Hemingway kamen, Dorothy Parker und Gertrude Stein ebenso, die Liste setzte sich fort. So erfanden Amerikaner die Sommersaison an der französischen Mittelmeerküste.

Schon bald nach dem Sommer der Fitzgeralds, im Jahr 1929, kam Boma Estène nach Frankreich, er verwandelte jene private Villa in das *Belles Rives Hotel*. Der gebürtige Russe und seine Frau Simone aus Antibes erkannten die Lage:

Auf einem schwarz lackierten Piano klimperten die frühen Gäste, heute steht wieder eines in der Bar.

Das Belles Rives wurde entlang der Côte d'Azur das erste Hotel am Wasser. Nach und nach erweiterten sie das Art-Deco-Haus. Heute wird es von Marianne Estène-Chauvin geführt, der Enkelin der beiden Gründer.

Einige Räume blieben original ,erhalten. Der »Fumoir« war der Musikraum, in dem die Fitzgeralds auf einem Grammophon frühen Jazz hörten; und durch die Lobby und in Raum 50 mit seiner Terrasse tanzten schon die Amerikaner.

Auch Zelda Fitzgerald schrieb später über die Zeit in Frankreich einen Roman. »Ein Walzer für mich« atmet anfangs den Zauber der glücklichen Tage im Licht der Riviera: »Es war, als hätte die Sonne alle Farben der Landschaft aufgesogen, um ihre eigenen Sonnenuntergangsmischung zu brauen. Die zahlreichen Farbnuancen kochten und brodelten am Himmel, während das Land weiß und allen Lebens beraubt dalag und wartete, bis sich die verschwenderische Mixtur am späten Nachmitag durch die Reben und Felsen ergießt und sie abkühlen würde.« Zelda veröffentlichte ihre ersten Texte oft unter dem Namen ihres Mannes – weil so mehr Honorar in die Kasse kam.

Wenn man der Gesellschaft des Strandlebens überdrüssig war, zog man sich in die Häuser zurück. Alle empfingen Gäste, »Madame Paulette klimperte die Melodie von Pas sur la bouche auf dem verstimmten Teakholz-Piano.«, schreibt Zelda. In der Bar steht heute wieder ein amerikanisches Piano, schwarz lackiert. Nicht dasselbe, aber aus die-

ser Zeit wie auch Geschirr, Besteck und viele Möbel im Belles Rives.

Die Goldenen Zwanziger an der Riviera waren ein Rausch, »niemand wusste, wessen Party es

war. Sie war schon seit Wochen in Gang.« schreibt Zelda Fitzgerald, und ihr Mann in einem Brief: »Ich bin glücklich wie seit Jahren nicht mehr.« Die Zeit in Juan-les-Pins sei einer dieser außergewöhnlichen, kostbaren und »viel zu vergänglichen Momente, in denen alles im Leben gut zu laufen scheint.«

Seine besten Tage hatte das Paar wohl unter der Mittelmeer-

Hemingway, Dorothy Parker und Gertrude Stein, alle reisten an die Côte d'Azur, »zu nüchtern« wollte man hier allerdings nicht feiern.

sonne; es lief nicht so gut weiter. Erst nicht für die Fitzgeralds, später für die Welt. Zelda verliebte sich in einen Flieger, ihr Gatte sperrte sie in die romantische Villa ein. Ihren Enthüllungsroman »Save Me the Waltz« schrieb sie erst später, zurück in den USA, in einer psychiatrischen Klinik. Er erschien gekürzt – Scott Fitzgerald hatte für ihn schädliche Passagen gestrichen. Ihre Versuche, auf eigenen Beinen zu stehen, vom Schreiben leben zu können, unterband ihr Ehemann. In eine Scheidung willigte er nicht ein, 1933 vermerkte er in seinem Tagebuch: »Angriff auf allen Ebenen: Theaterstück (unterdrücken), Roman (verzögern), Bilder (unterdrücken), Charakter (angreifen), Kind (entfremden), Tagesablauf (durcheinanderbringen, um Schwierigkeiten zu machen). Kein Maschinenschreiben.

Wahrscheinliches Resultat: neuer Nervenzusammenbruch.«

Einen letzten leichtfüßigen Text über die Blaue Küste schreiben Klaus und Erika Mann mit ihrem »Buch von der Riviera«, das 1931 erschien. Sie fragen darin, warum die »ganze Küste von so vielen immer noch so viel geliebt (werde)? Warum fahren wir hin, immer wieder?« Es gehöre zu ihren Geheimnissen, dass sie jedem das biete, was er suche. Juan-les-Pins sei, so die Mann-Geschwister, »vor allem im Sommer einer der besten Rivieraorte«.

»…geheimnisvoll gefärbt, blau wie Waschwasser, weindunkel…«
F. Scott Fitzgerald

Doch die Goldenen Zwanziger münden in die fürchterlichen Drei-

HOTEL BELLES RIVES
Juan-les-Pins, Frankreich

ßiger. Nach 1933 wird die Küste zur Zuflucht vieler deutscher Künstler, zum Exil unter Palmen für Verfolgte des Naziregimes. Thomas Mann und Lion Feuchtwanger kamen, so wie Ludwig Marcuse, Franz Werfel; heimatlos gewordene Künstler machten als Besucher Station, so wie Bertolt Brecht, Heinrich Mann, Stefan Zweig, Egon Erwin Kisch.

Heute ist unter der Ägide von Marianne Estène-Chauvin die Literatur in die Villa am Meer zurückgekehrt. Die Direktorin des Belles Rives schuf 2011 den Fitzgerald-Literaturpreis. Das Werk muss »die Eleganz, den Witz, den Stil und den Geschmack der Lebenskunst« aus Fitzgeralds Werk widerspiegeln. Denn just die Zeit an der Riviera inspirierte den Amerikaner zu seinem Erfolgsroman »The Great Gatsby«. Alle Preisträger übernachten im Belles Rives: Sylvain Tesson, Pascal Bruckner, Laurence Benaim und Didier Van Cauvelaert.

Von den Zwistigkeiten der Fitzgeralds ist eine Schlüssel-Szene überliefert. Im Zorn soll Scott einen Zimmerschlüssel ins Meer geworfen haben. In Erinnerung daran segelt bei der Verleihung des Fitzgerald-Preises ein Schlüssel von der Terrasse ins Wasser. Und danach versammeln sich alle, sicherlich bei Champagner, in der Fitzgerald-Bar mit dem schwarzen Piano. Und blicken nach draußen, sehen jenes Blau und erinnern sich außer an die Atmosphäre jener Jahre vielleicht auch an Zelda Fitzgeralds Zeilen: »Die Riviera bezaubert mit ihrem blauen Leuchten und den weißen Palästen, die in der Hitze flimmern.«

HOTEL BELLES RIVES
Juan-les-Pins, Frankreich
bellesrives.com

Oscar Wilde (1854-1900), 1882

Hier weilte Oscar Wilde gerne – dann wurde er verhaftet

BELMOND CADOGAN HOTEL

London, England

Leben – und Sterben – in Hotels, dafür steht der Schriftsteller Oscar Wilde. Der exzentrische Ire erlebte Höhen und Tiefen in Absteigen und in luxuriösen Häusern. Eine dramatische Wende nahm sein Leben im Cadogan Hotel im Londoner Stadtteil Chelsea. Er wurde hier verhaftet.

April 1895: Oscar Wilde saß mit Freunden im Zimmer 118, als die Polizei ihn vom Fleck weg abführte. Die Szene des berühmten Autors, der verhaftet wurde, dürfte in der Lobby ziemliches Aufsehen verursacht haben, das Haus galt als eine beliebte Adresse der Londoner High Society. Alle hatten sie Wildes Komödien gelesen und gesehen, wie »Ein idealer Ehemann« oder »Bunbury«. Wie war es dazu gekommen? Vorausgegangen war eine Provokation. Der Marquis von Queensberry, der Vater von Wildes Geliebtem Lord Alfred Douglas, hatte im Albemarle Club eine Visitenkarte mit dem Text »An Oscar Wilde, den posierenden Sodomiten« übermittelt. »Sodomie« – das bedeutete Homosexualität, und die war strafbar.

Nachdem ihm Alfred Douglas Rückendeckung zugesichert hatte, erhob Oscar Wilde Verleumdungsklage gegen den Marquis, der jedoch den Spieß umdrehte: Wilde wurde zum Angeklagten. Ihm wurde vorgeworfen, er habe mit jungen Männern, auch mit männlichen Prostituierten, sexuellen Umgang gehabt. Im Kreuzverhör ging es zudem um Wildes einzigen Roman »Das Bildnis des Dorian Gray«, der als »anrüchig« gerügt wurde. Wilde wurde verurteilt, verbrachte zwei Jahre schwer arbeitend im Reading Jail, das mit lesen – reading – so gar nichts zu tun hat.

Vom Hotel bis nach Hause waren es nur ein paar Schritte – doch Oscar Wilde nützte das nichts…

»Ich habe einen ganz einfachen
Geschmack: Ich bin immer mit
dem Besten zufrieden.« –
soll Oscar Wilde gesagt haben.
Im heutigen Belmond Cadogan Hotel
würde es ihm sicherlich gefallen.

Das Hotel in der Sloane Street in Chelsea galt als beliebter Treffpunkt. Mark Twain lebte in der Nähe, und eben auch Oscar Wilde. Ein zehnminütiger Spaziergang führte Wilde von seiner Wohnung, in der er mit Frau und zwei Kindern lebte, zum Hotel. Hier traf er sich mit Freunden an der Bar. Und manchmal mietete er sich ein Zimmer. Die Szene seiner Verhaftung hat 1933 der britische Dichter John Betjeman in seinem Gedicht »The Arrest of Oscar Wilde at the Cadogan Hotel« nacherzählt: »As the door of the bedroom swung open / And two plain clothes policemen came in.« Sie seien gekommen, ihn dorthin zu bringen, wo Kriminelle und Schwerverbrecher hausen. Sie würden ihn bitten, ihnen leise zu folgen, denn »dies ist das Cadogan Hotel«.

Dabei war es nicht der erste Skandal im Haus. Schon in den 1870er-Jahren hatte sich Kronprinz Edward VII. hierher gepirscht, zu seiner Affäre, der Schauspielerin Lillie Langtry. Das Nachbarhaus war im Besitz der Schauspielerin, das sie 1895 mit der Forderung, dort kostenlos leben zu können, an das Hotel verkaufte. Und jahrelang im Hotel wohnte.

Bevor das Haus ein Hotel wurde, hatte es Hans Sloane gehört, nach dem die Straße benannt ist. Er war im 18. Jahrhundert ein vermögender Arzt, er sammelte 70.000 Objekte, Gemälde, Münzen und Bücher, viele davon gingen später in die Bestände der British Library über.

In der behutsamen Renovierung zum »Belmond Cadogan« wurden fünf einzelne Häuser zusammengeführt: 22 der 54 Zimmer sind Suiten. Der Mosaikboden im Eingang und das Treppenhaus blieben erhalten. Eine Pfauenstatue aus 25.000 Swarovski-Kristallen erinnert an Wilde; der schillernde Vogel soll das Lieblingstier des

Schriftstellers gewesen sein. Eine weitere Hommage an die literarische Vergangenheit sind rund 600 aus Bronze gegossene Bücher, die die Fahrstühle umrahmen. Außerdem finden sich im Hotel Mini-Bibliotheken mit britischer Literatur, zusammengestellt vom Buch-

händler John Sandoe Books. Wer in Ruhe lesen möchte: Die Gäste des Hotels haben Zugang zum Cadogan Estate Garden, im 18. Jahrhundert der London Botanic Garden.

»Es gibt weder moralische noch unmoralische Bücher. Bücher sind gut oder schlecht geschrieben, sonst nichts.« Oscar Wilde

Vor seiner Verhaftung war Oscar Fingal O'Flahertie Wills Wilde als Lyriker, Romanautor, Dramatiker und Kritiker einer der bekanntesten, aber auch umstrittensten Schriftsteller im viktorianischen Großbritannien. Bei seiner Entlassung aus dem Zuchthaus war er gesundheitlich am Ende und sein Ruf ruiniert. Er floh nach Paris, irrlichterte durch Frankreich, reiste nach Neapel, wo er sich in verschiedenen Hotels – die ihn aufnahmen – einmietete. Er traf sich noch einmal mit Lord Douglas in Neapel, setzten gemeinsam nach Capri über und nahmen ein Zimmer im schicken Hotel Quisisana. Britische Gäste

erkannten die beiden, riefen den Hotelmanager: »Die oder wir«, und der Manager warf Wilde und Douglas hinaus.

Nachdem seine Frau gestorben war, konnte Wilde über ein Erbe verfügen. Er hätte damit auskom-

BELMOND CADOGAN HOTEL
London, England

*Ging Oscar Wilde diese Treppe hinauf?
Solche Fragen stellen sich, wandelt man auf
den Spuren berühmter Dichter durch Hotels.*

men können, aber er war Oscar Wilde und seinem Ruf etwas schuldig. Völlig verarmt zog er sich schließlich 1890 nach Paris zurück, mietete sich in der *13 Rue Des Beaux-Arts* ein. Wer heute diese Adresse aufsucht, steht vor einem Design-Hotel, aber zu Wildes Zeiten konnte dort von s*chönen Künsten* nicht die Rede sein. Das *Hotel d'Alsace* war eine echte Absteige. Er soll jedoch im besten Zimmer logiert haben, und auch wenn seine Freunde kein Geld mehr schickten, großzügig vom Hotelier mit bestem Essen und bestem Wein versorgt worden sein. Am 30. November 1900 starb er, nur 46jährig, in diesem Hotel. Natürlich nicht, ohne wichtige letzte Worte hinterlas-

BELMOND CADOGAN HOTEL
London, England

sen zu sagen. Die einen behaupten, er habe zuletzt gesagt: »Entweder geht diese scheußliche Tapete – oder ich«, für andere lautete sein letzter Satz: »Ich sterbe, wie ich gelebt habe, über meine Verhältnisse.« Im Designhotel ist ein Raum Oscar Wilde gewidmet, sein Sterbezimmer existiert nicht mehr. Im

Belmond Cadogan Hotel in London ist Oscar Wildes Zimmer 118 nun Teil der Royal Suite.

BELMOND CADOGAN HOTEL
Chelsea, London, England
belmond.com/de/hotels/
europe/uk/london/
belmond-cadogan-hotel/

Die Suite, in der J. K. Rowling Harry Potter beendete

THE BALMORAL

Edinburgh, Schottland

Fast wie ein Gebäude aus der Harry-Potter-Welt, ein klassisch viktorianisches Haus, eine »majestätische Wohnung« – das bedeutet das gälische Wort Balmoral.

Es ist eine märchenhafte Geschichte. Nein, nicht die phantastische Story rund um den jungen Magier Harry Potter. Sondern die Geschichte hinter dem Welt-Bestseller, die Geschichte der jungen Britin Joanne Rowling, 1965 in Südengland geboren. Schon als Kind erfindet sie Erzählungen für ihre jüngere Schwester. Sie ist eine fleißige Schülerin, liest gerne: So beginnt ihr Leben mit Büchern. Sie studiert, jobbt herum. Mit 25 Jahren denkt sie sich auf einer Zugfahrt von Manchester nach London die Romanfigur Harry Potter aus; den jungen Magier will sie in einer siebenbändigen Buchreihe beschreiben. Die nächsten beiden Jahre arbeitet sie nebenher daran, heiratet, geht nach Portugal, bekommt ein Kind, trennt sich, zieht nach Edinburgh. Und lebt von Sozialhilfe. Um an ihrem Buch

schreiben zu können, zieht sie sich in Cafés wie das Elephant House zurück. Fünf Jahre später ist der erste Band fertig, aber kein Verlag will das Buch, schließlich findet ihr Literaturagent einen Abnehmer, 500 Exemplare werden gedruckt. Aber man rät ihr, sich eine feste Stelle zu suchen: Mit Kinderbüchern könne man nicht seinen Lebensunterhalt verdienen. Rowling schreibt sich erneut an der Uni ein. Ihr Buch erscheint nicht unter ihrem vollen Namen, Jungs lesen keine Bücher, die eine Frau geschrieben hat, heißt es. So erscheinen alle Bände unter dem kryptischen Namen J. K. Rowling.

1929 schrieb die Engländerin Virginia Woolf den Essay »A room of one's own«. Zwei Bedingungen müssten erfüllt sein, forderte sie, damit Frauen Literatur schreiben können: »fünfhundert (Pfund) im

Jahr und ein eigenes Zimmer«. Es ist, als habe sich wenig geändert seitdem: Das »eigene Zimmer« fand Joanne Rowling nur ersatzweise an Kaffeehaustischen.

Doch nur drei Tage nach der Veröffentlichung des ersten Bandes ändert sich alles: Ein US-Verlag ersteigert die Rechte für den amerikanischen Markt für 100.000 Dollar. Der vierte Band erscheint schließlich in Rekord-Erstauflagen von einer Million in Großbritannien und 3,8 Millionen in den USA.

Kennt man diesen Hintergrund, kann man sich vorstellen, wie es sich für Joanne K. Rowling angefühlt haben muss, als sie Ende 2006 im Balmoral Hotel in Edinburgh eincheckte. »Suite Nr. 552 bitte«. Diesen Satz voller Freude, voller Bestätigung und Beweis für alles Geschaffene, musste sie vermutlich nicht einmal sagen. Den »Raum für mich allein« hatte sie natürlich schon reservieren lassen, und in dem Moment, als sie durch die Drehtüre die Lobby betrat, erkannte sie in ihrer Heimatstadt jeder.

Lange rötliche Haare, grüne Augen, hundertfach gesehen. Eben deswegen waren die Zeiten vorbei, sich in ein Café zum Schreiben zurückziehen zu können.

Einige Wochen soll sie dort verbracht haben, ihr PR-Büro gibt

keine genaue Auskunft dazu, denn J. K. Rowling schätze es nicht, »wenn die Orte ihres Schreibens kommerzialisiert würden«. Monatelang sei sie jedenfalls nicht im Hotel gewesen, heißt es. Richtig sei aber, dass sie dort den letzten Band, »Harry Potter und die Heiligtümer des Todes«, zu Ende brachte. Also Sätze zwischen Anfang und Ende fertig formulierte, von »Die beiden Männer kamen aus dem Nichts, erschienen wenige Meter voneinander entfernt auf dem schmalen, mondhellen Weg bis zu dem Moment, als sich die letzten Dampfschwaden auflösen, der Zug in einer Kurve verschwindet und Harry »die Blitznarbe auf seiner Stirn« berührte. »Die Narbe hatte Harry seit neunzehn Jahren nicht geschmerzt. Alles war gut.«

Besser als im Balmoral Hotel in Edinburgh hätte Rowling es kaum treffen können, sieht es doch fast aus wie ein Gebäude aus der Harry-Potter-Welt, ein klassisch viktorianisches Gebäude, viel

Schriftstellerinnen müssen ein »eigenes Zimmer« haben, forderte schon Virginia Woolf. J. K. Rowling fand dies im The Balmoral.

Ornament. Erbaut 1902 als North British Station Hotel ist das Fünf-Sterne-Hotel mit seinem überragenden Uhr-Turm ein Wahrzeichen in Edinburgh. Wobei die Turmuhr eine Geschichte für sich erzählt: Von Anfang an ging sie drei Minuten vor, damit die Einwohner von Edinburgh und die Gäste des Hotels ihre Züge nicht verpassen. Pünktlich läuft sie nur zu Hogmanay, dem schottischen Jahreswechsel am 31. Dezember.

Jahrzehntelang war das Haus ein Eisenbahnhotel, Gepäckträger in klassischen roten Jacken holten Gäste am Bahnhof ab und brachten sie mit einem Aufzug ins Hotel. Ab 1948 wurde es mehrfach umgebaut, 1990 von Balmoral International Hotels gekauft. Heute gehört es zu den Rocco Forte Hotels.

Die Suite liegt im fünften Stock, sie hieß zuvor The Tweed Suite, natürlich heißt sie nun The J. K. Rowling Suite. Die Gäste werden von einem Türklopfer in Eulenform begrüßt. Auf einem kleinen Tisch stehen alle Harry-Potter-Bände und gleich daneben der Schreibtisch, an dem J. K. Rowling schrieb.

Wie es dazu kam, erzählte sie in einem Interview. Sie sei zuhause gewesen, »der Fensterputzer kam, die Hunde kläfften, ich konnte nicht arbeiten, und dann ging mir dieses Licht auf und ich dachte, ich kann das mit Geld lösen. Ich kann an einen ruhigen Ort gehen, und so kam ich in dieses Hotel.«

Tatsächlich war es wohl gar nicht so einfach, Harry Potter zu Ende zu schreiben. Die nun weltberühmte Autorin dürfte unter gro-

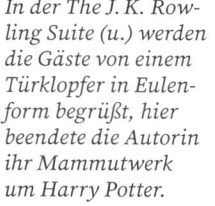

In der The J. K. Rowling Suite (u.) werden die Gäste von einem Türklopfer in Eulenform begrüßt, hier beendete die Autorin ihr Mammutwerk um Harry Potter.

ßem Druck gestanden haben, sie musste das nun sechsbändige Werk zu einem Abschluss bringen, der die Fans nicht enttäuschte; und im heimischen Arbeitszimmer gelang es ihr nicht. Mittlerweile findet sich diese Flucht ins Hotel sogar in Ratgebern zum Thema »konzentriert arbeiten«. Ein radikaler Wechsel der normalen Umgebung – zumal verbunden mit einer großen Investition an Geld oder an Zeit – mindere den inneren Instinkt der Prokrastination. Die Investition in die Suite und in die ruhige Zeit haben sich bei Rowling offensichtlich gelohnt, sie konnte das Buch in der »majestätischen Wohnung« beenden – das nämlich bedeutet das gälische Wort Balmoral.

Keine zehn Minuten entfernt vom Hotel liegt das Rathaus. In dessen Innenhof findet man die Handabdrücke von J. K. Rowling auf dem Boden. 2008, als ihr der Edinburgh Award verliehen wurde, hinterließ sie diese und sagte, es sei ihr eine große Ehre, die Auszeichnung zu erhalten, denn Edinburgh sei nun ihr Zuhause, der Ort, an dem Harry Potter sich über sieben Bücher weit entwickelte und mit vielen Stunden, die sie mit Schreiben in Cafés verbracht hatte.

Und eben im Hotel, wenn auch ungeplant. »Ich kam also in dieses Hotel, weil es ein wunderschönes Hotel ist, aber ich hatte nicht die Absicht, zu bleiben«, erklärte sie. »Doch der erste Schreibtag verlief gut, also kam ich zurück, und schließlich beendete ich das letzte Harry-Potter-Buch dort.«

Wie mag sich der Moment angefühlt haben, als J. K. Rowling

ihr Notebook zuklappte, sie Harry Potter endlich verabschiedet hatte? Offensichtlich erfasste sie ein Moment der Euphorie, was zu einer kuriosen Handlung führte. Joanne K. Rowling zückte einen schwarzen Stift und schritt zu der Hermes-Büste aus Marmor, die in einer Nische der Suite steht. Und schrieb auf den Sockel:

»JK Rowling finished writing Harry Potter and the Deathly Hallows in this room (552) on 11th Jan 2007«

THE BALMORAL
Edinburgh, Schottland
roccofortehotels.com/de/
hotels-and-resorts/

127

Łódź   Hotel Savoy

W tym budynku w 1924 r.
przebywał i pisał
Józef Roth
austriacki pisarz i dziennikarz,
autor powieści
"Hotel Savoy".

In diesem Gebäude
wohnte 1924 der österreichische
Schriftsteller und Journalist
MOSES JOSEPH ROTH
wo er auch den Roman
HOTEL SAVOY verfasste.

Ein Haus wie ein Roman:
Joseph Roths
»Hotel Savoy«

HOTEL SAVOY
Łódź, Polen

ch komme um zehn Uhr vor-
mittags im Hotel Savoy an. Ich
war entschlossen, ein paar Tage
oder eine Woche auszuruhen.« Gabriel Dan, so der Name des Ich-Er-
zählers, kehrt aus Kriegsgefangen-
schaft in Russland zurück. Man
schreibt das Jahr 1919, und Dan
will nichts anderes als erst einmal
»Wasser, Seife, englisches Klosett«.
Er freut sich über elektrische Lampen und Betten, »daunengepols-
tert, schwellend und freudig bereit,
den Körper aufzunehmen«.

   All das bot das Savoy, das wusste Joseph Roth. Der Schriftsteller
hatte einige Zeit in diesem Hotel in
Łódź verbracht. Sein gleichnamiger
Roman »Hotel Savoy« wurde vom
9. Februar bis 16. März 1924 in der
Frankfurter Zeitung vorabgedruckt
und kurz danach in Berlin als Buch
veröffentlicht.

   Dan genießt das Fahren im Lift,
wie ein Hinaufschweben erscheint
es ihm, er wirft »Bitterkeit, Armut,
Wanderung, Heimatlosigkeit, Hunger, Vergangenheit des Bettlers hinunter«, so tief, dass es ihn, den

Emporschwebenden, »nimmer-
mehr erreichen kann«. Das Zimmer des Gabriel Dan liegt im sechs-
ten Stock, dort logierte auch Roth.

   Joseph Roth wurde 1894 im ga-
lizischen Schtetl Brody geboren,
das damals zur österreichisch-un-
garischen Monarchie gehörte. Seine Mutter stammte aus einer jüdi-
schen Kaufmannsfamilie, der Vater
war Getreidehändler aus orthodox-
chassidischem Umfeld. Roths Tauf-
name lautet Moses Joseph Roth,
und so steht heute auf Deutsch am
Hotel in Łódź: »In diesem Gebäude wohnte 1924 der österreichische
Schriftsteller und Journalist Moses
Joseph Roth, wo er auch den Roman Hotel Savoy verfasste«.

*»Wie die Welt war dieses Hotel
Savoy, Pracht sprühte aus sieben
Stockwerken, aber Armut
wohnte drin…« Joseph Roth*

In Łódź lebten viele deutschspra-
chige Bewohner. Schon seit Beginn
des 19. Jahrhunderts wurden Tuch-
macher im Westen Deutschlands

HOTEL SAVOY
Łódź, Polen

sowie in Sachsen, Böhmen und Schlesien angeworben. Die deutschen Weber, Spinner und Färber bildeten die Bevölkerungsmehrheit. Łódź wurde der wichtigste Standort der Textilindustrie im Land, galt als Manchester Polens. Die Stadt wuchs rasch und zog immer mehr Menschen an.

Wer also bei Łódź an jenen Schlager von 1974 denkt, in dem Vicky Leandros vehement ihren Theo aufforderte, mit ihr dorthin zu fahren, derjenige liegt gar nicht so falsch: »Ich habe diese Landluft satt/ Will endlich wieder in die Stadt/ Theo, wir fahren nach Lodz/.« Der Text fußt auf einem Lied aus dem 19. Jahrhundert, als es mit der Stadt aufwärts ging, und viele Menschen von den Dörfern mit der Hoffnung auf ein besseres Leben in die Stadt strebten: »Ich brauch' Musik und Tanz und etwas Eleganz/ Da fassen wir das Glück beim Schopf/ Und hauen alles auf den Kopf.«

Die schnell wachsende Industriestadt brauchte luxuriösere Hotels, 1911 wurde das Savoy gebaut. Entworfen vom einheimischen Architekten Stefan Lemmene steht es an einer der wichtigsten Straßen in Lodz; es wurde mit seinen 35 Metern Höhe »Wolkenkratzer« genannt. An der Fassade prangten Art-Nouevau-Elemente, es war modern und luxuriös. Auffällig war das mit Pfauen verzierte Fenster über dem Eingang.

Roths Roman spielt in der Nachkriegszeit, aus heutiger Sicht die Zwischenkriegszeit. Er skizziert Łódź als provinzielles osteuropäisches Nest. Eine Stadt zwischen Osten und Westen, zwischen Krieg und Nachkriegszeit, die Profiteure und Veteranen, Kriegs-Opfer und Spekulanten anzog: »Viele Menschen sprachen hier Deutsch, deutsche Fabrikanten, Ingenieure und Kaufleute beherrschten Gesellschaft, Geschäft, Industrie dieser Stadt.«

Unten im Hotel wohnten die Reichen, oben kochten die Mäd-

Wie ein Wolkenkratzer ragte das Savoy aus der Altstadt auf.

chen heimlich auf einem Spirituskocher in ihren Zimmern. Wer sich die Miete nicht mehr leisten konnte, wie die Geliebte von Gabriel Dan, verpfändete einen Koffer an

den alten Liftboy Ignatz. Ein Abbild der Gesellschaft schuf Roth in und mit dem Haus: »Wie die Welt war dieses Hotel Savoy, Pracht sprühte aus sieben Stockwerken, aber Armut wohnte drin ...« Doch niemand konnte sich ihm entziehen, das Hotel sei ein »reicher Palast und ein Gefängnis«, schreibt er.

Wieviel autobiographisches in seinen Savoy-Roman eingeflossen ist, lässt sich wie immer schwer beurteilen. Roth war ein Schriftsteller, der viele Jahre in Hotels wohnte. Nicht nur auf Reisen, sondern auch als sesshafter Autor. Roth bereiste als Journalist Europa, besuchte die junge Sowjetunion. 1927 erschien »Juden auf Wanderschaft«, sein Essay über die Ostjuden, die nach dem Ersten Weltkrieg in den Westen emigrierten. Er schrieb über seine Identität, seine Suche danach, er sei ein »Franzo-

se aus dem Osten, ein Katholik mit jüdischem Gehirn, ein wirklicher Revolutionär«, schrieb er in einem Brief. Einer seiner bekanntesten Romane hieß »Flucht ohne Ende«. Roth war ein Wanderer, aber ohne romantische Verklärung, ein wahrhaft Vertriebener. Am Ende flüchtete er vor den Nazis nach Paris.

Dort schrieb er 1938 von einem Bistrotisch aus, er könne zusehen, wie ein Haus abgerissen werde, »ein Hotel, in dem ich sechzehn Jahre gewohnt habe«. Nun kämen ihm im Nachhinein die sechzehn Jahre, »so köstlich vor, ja, von Kostbarem erfüllt, dass ich nicht begreifen kann, wie sie auf einem so kargen Platz abrollen konnten.« Roth zog vom Pariser Hotel in ein Zimmer über dem Café gegenüber, an dessen Tischchen er seine letzten Werke schrieb. Am 23. Mai 1939 wurde Roth in das Armenspital Necker eingeliefert, dort starb er.

Joseph Roth hatte in vielen Hotels gelebt, aber nur dem Savoy widmete er einen Roman. Am Ende von »Hotel Savoy« tritt ein Milliardär aus Amerika auf, aber er hilft den Armen im Hotel auch nicht, er reist bald wieder ab. Dafür schwappt die Revolution in die Mauern des Hotels, es brennt ab – dies aber nur im Roman. Bis heute steht es, als Zwei-Sterne-Haus aber mit fast unveränderter Fassade, in Łódź.

HOTEL SAVOY
Łódź, Polen
http://savoy.centrumhotele.pl

Agatha Christie feiert 80. Geburtstag

Wo Graham Greene und Agatha Christie *(vielleicht zusammen)* an der Bar saßen

PERA PALACE

Istanbul, Türkei

Das Ambiente erinnert an den historischen Orient-Express. Passenderweise schrieb hier Agatha Christie ihren berühmten Krimi.

Ein kalter Bahnsteig in Syrien, Winter, ein Mann wird gleich in den Fernzug einsteigen. »Und Sie gedenken, dort ein paar Tage zu verbringen?« – »Mais oui! Istanbul, in dieser Stadt war ich noch nie. Es wäre doch schade, da nur durchzureisen. Mich drängt nichts – ich werde mich ein paar Tage als Tourist dort umsehen.« So jedenfalls hatte es Hercule Poirot vor. Doch angekommen in Istanbul hat er nicht einmal Zeit, im Hotel einzuchecken; ein anderer Mordfall ruft, er steigt in den nächsten Zug, natürlich in den Orient Express. Und weil Poirot Ermittler ist, und Agatha Christie hinter all dem steckt, kommt es natürlich zum Drama, zum »Mord im Orient-Express«.

Am Bahnhof Sirkeci war am 12. August 1888 das erste Mal der Orient Express angekommen, nach 67 Stunden und 40 Minuten Fahrt.

Damit die Zugreise hier nicht endet, wurde 1908 der schlossähnliche Bahnhof Haydarpaşa auf der asiatischen Seite des Bosporus eingeweiht, der Ausgangsbahnhof für die Bagdadbahn. Gebaut nach Plänen von deutschen Architekten, ein Geschenk Kaiser Wilhelms II. an den Sultan.

Aber wohin in Istanbul mit den Passagieren? Die Reisenden verlangten nach luxuriösen Unterkünften, aber Ende des 19. Jahrhunderts gab es in Istanbul, wenn man nicht beim Sultan im Palast wohnte, nur Absteigen und Karawansereien, da müffelten im Untergeschoss Pferde und Mulis. Also rückten im Stadtteil Pera Bautrupps an. Seit 1870 war die Gegend »auf der anderen Seite«, was *Pera* bedeutet, ohnehin verwüstet, ein Großbrand hatte viele traditionelle Holzhäuser vernichtet. Im Stil

europäischer Grandhotels entstanden nun der Palazzo Donizetti und das Grand Hotel de Londres; die Eisenbahngesellschaft selbst baute das Pera Palace, entworfen vom türkisch-französischen Architekten Alexander Vallaury. Das Hotel war – außer den Sultans-Palästen – das erste Haus mit Elektrizität, mit einem Aufzug und fließend heißem Wasser. Zur Eröffnung im Jahr 1895 brachte der Orient-Express den gesamten Champagner von Frankreich nach Istanbul.

> *»Mit einem blauen Auge im*
> *Pera Palace«*
> *Ernest Hemingway*

Agatha Christie hingegen blieb für länger in Istanbul, wie Konstantinopel ab etwa 1930 genannt wurde. Sie stieg im Pera Palace ab und blieb. Just dort schrieb sie, möglicherweise beschwingt und frisch verliebt, einen weiteren ihrer 68 erfolgreichen Krimis, eben den »Mord im Orient-Express«. Die Frau war eine Vielreisende.

Geboren 1890 hatte sie zunächst ihren ersten Mann, Mr. Christie, auf Reisen begleitet. Dann fing er eine Affäre mit der jüngeren Tennispartnerin an. Christie trennte sich von ihrem Mann. Was nun? Agatha Christie tat das einzig Vernünftige: Sie ging auf Reisen, setzte sich im Herbst 1928 in den Zug und fuhr einfach immer weiter, bis nach Bagdad und Ur im heutigen Südirak. Christie war da bereits eine erfolgreiche Krimi-Schriftstellerin, sie besuchte Ausgrabungen, lernte neue Leute kennen. 1930 kehrte sie noch einmal nach Mesopotamien zurück. Es schien alles eine gute Idee zu sein – und endete gut: Mit der Heirat mit dem Archäologen Max Mallowan, 14 Jahre jünger als sie. Spätere Romane entstanden auf den Reisen mit ihm zu Ausgrabungen in Syrien und im Irak. Diese Expeditionen finanzierte Christie mit ihren Bucherfolgen. Eine wahrlich erfolgreiche Frau, 1971 von der Queen in den Adelsstand erhoben.

Bis heute betritt man das Pera Palace durch die große Schwingtüre, hinauf auf einer marmornen Freitreppe geht es zur Teestube mit ihren augenfälligen Kuppeln. Die können geöffnet werden, eine frühe Art von Klimaanlage im heißen Konstantinopel. Nach Jahren des Niedergangs wurde das Hotel 2008 geschlossen. Komplett renoviert eröffnete es 2010 wieder als Palast für Reisende.

Wer möchte, kann Zimmer 411 buchen, den Agatha-Christie-

Wohin mit den Zugreisenden? Kurzerhand baute die Eisenbahngesellschaft ein Hotel in Istanbul, das Pera Palace.

Room. Hier logierte die Britin, einige antike Möbel sind noch zu sehen, auf einen Tisch wurde die Replik ihrer Underwood-Schreibmaschine platziert, und in einer

abgeschlossenen Vitrine stehen Christie-Krimis in vielen Sprachen.

Zimmer 101 hingegen kann nur besichtigt werden: Es ist seit 1981, seit dem 100. Geburtstag Mustafa Kemal Atatürks, ein Museum. Der Gründer der modernen Türkei hatte Ankara zur Hauptstadt gemacht, als Gegenpol zur osmanischen Met-

ropole. Aber wenn Atatürk nach Istanbul kam, bezog er Zimmer 101. Zu sehen sind persönliche Gegenstände, Fotos und Tageszeitungen von damals.

Istanbul ist eine grandiose und lebhafte, aber auch laute und anstrengende Stadt. Als Besucher spaziert man endlose Wege, die irrwitzig steilen Gassen von Pera kommt kein Fahrrad hinauf, Autos quälen sich. Und die Orientierung im Galata-Viertel – geschenkt. Der berühmte Galata-Turm ragt auf wie ein gemauerter Fahnenmast. Um ihn herum trifft sich das internationale und Istanbuler Publikum. Nach einem Tag in der Stadt spaziert man gerne wieder durch die Drehtüre in die gediegene Atmosphäre des alten Hotels.

So wie damals. Was Rang und Namen hatte, stieg im Pera Palace ab. Monarchen und Staatsoberhäupter, Diven, Damen und Dramatiker. Sarah Bernhardt, Zsa Zsa Gabor, Mata Hari oder Greta Garbo waren einige der bekannten Frauen. 1899 kam Knut Hamsun, weitere Autoren waren zu Gast, so Ian Fleming und Paul Theroux und im neu eröffneten Haus Paul Coelho und Umberto Eco. Und natürlich Hemingway und Graham Greene, die kaum ein berühmtes Hotel auf der Welt ausgelassen haben.

Ernest Hemingway reiste 1922 das erste Mal an, als Journalist für den Toronto Daily Star. Viel später lässt er in seiner Kurzgeschichte »Schnee auf dem Kilimandscharo« (1936) den Schriftsteller Harry über sein zerrinnendes Leben nachdenken. Harry liegt in Ostafrika im Sterben und erinnert sich an wilde

Wenn Kemal Atatürk nach Istanbul kam, bezog er Zimmer 101 im Pera Palace, heute ein Museum zu Ehren des Gründers der modernen Türkei.

Hat Agatha Christie auf dieser
Underwood-Schreibmaschine
Hercule Poirot in den
Orient-Express geschickt?

Zeiten, an das Skifahren im Montafon, an Krieg, an Paris, an Schießereien und an viele Frauen. Und an einen Aufenthalt in Konstantinopel, wo er betrunken durch die Straßen streift. Nach einer Schlägerei taucht er »mit einem blauen Auge im Pera-Palace auf und trug seine Jacke überm Arm, weil ein Ärmel fehlte«.

Auch Graham Green beschrieb das Hotel mehrfach in seinen Werken. In »Die Reisen mit meiner Tante« logiert der Ich-Erzähler mit seiner lebensfrohen Tante Augusta im Pera Palace, »das wie ein orientalischer Weltausstellungspavillon aussah. Meine Tante bestellte zwei Rakis in der Bar, die ganz aus Gitterwerk und Spiegeln zu bestehen schien«. Und auch in seinem Roman »Orient-Expreß«, erschienen 1932, wird das Hotel erwähnt.

Graham Green und Agatha Christie könnten gemeinsam im Zug nach Istanbul unterwegs gewesen sein; Greens Roman »Orient-Expreß« erschien 1932, Christie schrieb ihren etwa 1932. Und schön sich vorzustellen, wie sich alle drei, Christie, Hemingway und Greene, bei einem Raki in der Hotelbar des Pera-Palace zuprosten. Fotos davon gibt es allerdings nicht.

HOTEL PERA PALACE
Istanbul, Türkei
perapalace.com

Joseph Conrad war
einer der ersten Gäste

THE MANDARIN ORIENTAL
Bangkok, Thailand

Das Oriental! Ein weißes Haus im Kolonialstil am Ufer des Chao-Phraya-Flusses in Bangkok; auf der Terrasse beschlägt das Weißweinglas in tropischer Hitze, hochaufgeschossene Palmen verdecken den Anbau der 1970er-Jahre. Joseph Conrad, James Michener, Lucinda Riley, Somerset Maugham und Graham Greene logierten hier, geblieben sind Fotos und Zitate im Author's Wing. Aber was schreibt Greene? Ein maschinengeschriebener Text hängt an der Wand, neben einem Porträt des britischen Autors, 1904 geboren.

Er fühle sich sehr geehrt, eine Graham-Greene-Suite im Oriental

THE MANDARIN ORIENTAL
Bangkok, Thailand

zu haben, so der Brite, an das er sehr glückliche Erinnerungen von vor fast 30 Jahren hege. »Sehr glücklich, auch wenn es unmöglich war, draußen zu sitzen wegen der Moskitos. Und Zimmer mit Bad bedeutete ein Fass auf dem Balkon und ein Eimer, um Wasser über sich drüber zu leeren.«

Das sei alles Teil der Atmosphäre des The Oriental gewesen, und er hoffe, dass dessen Charakter sich nicht verändert habe mit all den modernen Verbesserungen und dass es ein Hotel bleibe, »in dem sich nahezu alles ereignen könnte, und in dem man jeden treffen könnte, von einem Autor bis zu einem internationalen Gauner auf seinem Weg wohin auch immer«. Graham Green soll Teile seines Vietnam-Romans »Der stille Amerikaner« im Hotel in Bangkok geschrieben haben.

> *»... in dem man jeden*
> *treffen könnte, vom Autor*
> *bis zum Gauner...«*
> *Graham Greene*

Das Oriental ist ein wahrlich klassisches Kolonialhotel, seine Geschichte beginnt im Jahr 1876. Damals eröffneten zwei dänische Kapitäne am Fluss ein Gasthaus für Seeleute. Das Gebäude wurde bei einem Brand zerstört und 1884 von einem anderen Dänen neu aufgebaut, nun aber als elegante Villa. Dieser Bau steht noch heute und trägt den Namen Author's Wing. Leichte weiße Rohrmöbel, weiße Wände, an denen gerahmte Fotos der Schriftsteller-Größen hängen.

Der erste berühmte Gast war

Joseph Conrad (1857–1924), damals allerdings noch weit entfernt davon, berühmt zu sein. Er schrieb sich 1888 als Teodor Korzeniowski ins Hotelregister, so hieß er, gebo-

ren von polnischen Eltern im russischen Kaiserreich in einer Region, die heute zur Ukraine gehört. Er kam als junger Mann in Frankreich zur Seefahrt. Als dann schon britischer Staatsbürger befuhr er die britischen Kolonialgebiete, in Bangkok sollte er als Kapitän einen alten Kutter übernehmen, der flussaufwärts vom Hotel vor Anker lag. Sein Schiff hieß Otago und so heißt heute die Suite. An Arthritis leidend sattelte Korzeniowski um, begann zu schreiben, nannte sich Joseph Conrad und wurde ein weltberühmter Schriftsteller. Viele seine Romane spielen in den Tropen, sein wohl bekanntester wurde das »Herz der Finsternis«. Conrad kam immer wieder auf Reisen ins Oriental, heute trägt Raum 101 seinen Namen als Joseph Conrad Suite. Im Author's Wing wurden noch weitere Autoren-Suiten eingerichtet, zu-

dem gibt es die S.E.A. Writer Suite, benannt nach der Southeast Asian Writers' Award Ceremony. Die jährliche Veranstaltung feiert Schriftsteller aus südostasiatischen Ländern. 1998 hielt Norman Mailer die Laudatio, seither trägt eine Suite auch seinen Namen.

Somerset Maugham (1874–1965), englischer Dramatiker, Schriftsteller und Kurzgeschichtenschreiber, kam am 6. Januar 1923 zum ersten Mal im Oriental Hotel an und kehrte häufig zurück. In einer Geschichte von 1923 schrieb er: »Das Hotel lag am Fluss. Mein Zimmer war dunkel, eins von einer langen Reihe, mit einer Veranda auf jeder Seite, die Brise wehte durch, aber es war erstickend.« Während

des Aufenthalts erkrankte er an Malaria und der Legende nach hörte er eines Morgens ein Gespräch zwischen der Besitzerin des Oriental und seinem Arzt. Maire war be-

sorgt, dass der Gast nicht die nötige medizinische Versorgung erhielt: »Ich kann ihn hier nicht sterben lassen, wissen Sie. Sie müssen ihn ins Krankenhaus bringen.« Das Hotel wurde im Zweiten Weltkrieg beschädigt, später aber renoviert und stark erweitert. Die koloniale Villa bildet weiterhin das Herzstück. 1967 übernahm es der Deutsche Kurt Wachtveitl, der das Hotel 41 Jahre lang leitete.

Auch die Bestsellerautorin Lucinda Riley war oft zu Gast im Oriental – und in Bangkok ohnehin. Die irische Autorin hatte dort als Kind gelebt. Viele ihrer Romane spielen an exotischen Orten, die sie vorher ausführlich bereist. Ihren Durchbruch hatte sie mit dem Roman »Das Orchideenhaus«, in dem das Oriental durch verschiedene Generationen hindurch eine Rol-

le spielt. So kommt ein Brite in Folge des Zweiten Weltkrieges nach Bangkok und ins Oriental. Riley lässt ihn morgens die Fensterläden im Hotel nach einer schwülen Nacht aufstoßen: »Der Anblick verschlug ihm den Atem: Vor ihm erstreckte sich ein grüner Rasen mit Liegestühlen und Sonnenschirmen, dahinter ein über dreißig Meter breiter Fluss, auf dem Holzboote dahinglitten. Die Schönheit und Weite ließen Harrys Augen feucht werden.« Nach einem langen Gefängnisaufenthalt lässt sich Harry einfangen von der Schönheit des Ambientes, frühstückt auf der Veranda, setzt sich mit einer Zeitung in den Schatten der großen Palmen in den Garten. »Die Ruhe dieses Ortes gaben ihm ein Gefühl der Sicherheit. Das Oriental Hotel war seine Zuflucht.« Während seines Aufenthaltes wird die heute legendäre Bamboo Bar geöffnet. Harry heuert dort an als Pianist und trinkt »jede Menge des örtlichen Mekong-Whiskys«.

Heute kann man, während die lokalen Fährboote den großen Fluss kreuzen, entspannt einen Cocktail bestellen, den Khun Sompong Boonsri, Barmixer der Bamboo Bar, erfunden hat. Mit kaltem Rum, Grand Marnier, Orangensaft, Ananassaft, Limettensaft, Grenadine. Er heißt: Oriental's Mai Tai.

THE MANDARIN ORIENTAL
Bangkok, Thailand
mandarinoriental.com

Ein Designhotel mit rotem Pool und Haus-Bibliothek

THE LIBRARY

Koh Samui, Thailand

Kasemtham Sornsong

Zerlesene Taschenbücher, die Seiten aufgebogen, Sand rieselt heraus – ein vertrauter Anblick in südlichen Urlaubsregionen. Wer ein Buch ausgelesen hat, lässt es gerne zurück. So stapeln sich Reisebücher in den Coffeeshops und Hostels in Thailand, und sicherlich überall steht ein Exemplar von Alex Garlands »The Beach« (Der Strand). Der Roman mit dem Versprechen, es gebe auf einer Insel im Golf von Thailand einen weißen Sandstrand mit einer auserlesenen Gemeinschaft von Rucksackreisenden, »das Paradies, der Garten Eden«; Bücher als Tauschware für unbeschwerte Tage.

Geht das auch anders, stylisher? Fragte sich Kasemtham Sornsong. Seine Eltern hatten zuhause, direkt am Strand, auf Koh Samui ein einfaches Resort mit 12 Hütten und einem Restaurant. Sornsong stu-

dierte im Ausland, zurück auf der Insel im Golf von Thailand machte er sich daran, das Resort umzubauen. Im großen Stil. So entstand das Hotel »The Library«. Am bekannteste ist bei Liebhabern von Designhotels der blutrote Pool der Anlage. Aber das Herzstück ist die Bibliothek, lichtdurchflutet und hell.

»Nur wenige Glückliche erfahren, wo dieser Strand liegt«
Alex Garland

Kasemtham Sornsong war aufgefallen, dass die Urlauber oft mit einem Taschenbuch in der Hand am Strand lagen. Als er daran ging, ein Hotel zu bauen, wollte er etwas Neues, das nie alt werden würde: Bücher! Als Depot für Geschichten und Erfahrungen seien Bücher, so Sornsong, in Wahrheit unsterb-

Eine Bibliothek im Design-Stil statt zerfledderter Strandlektüre bietet das The Library

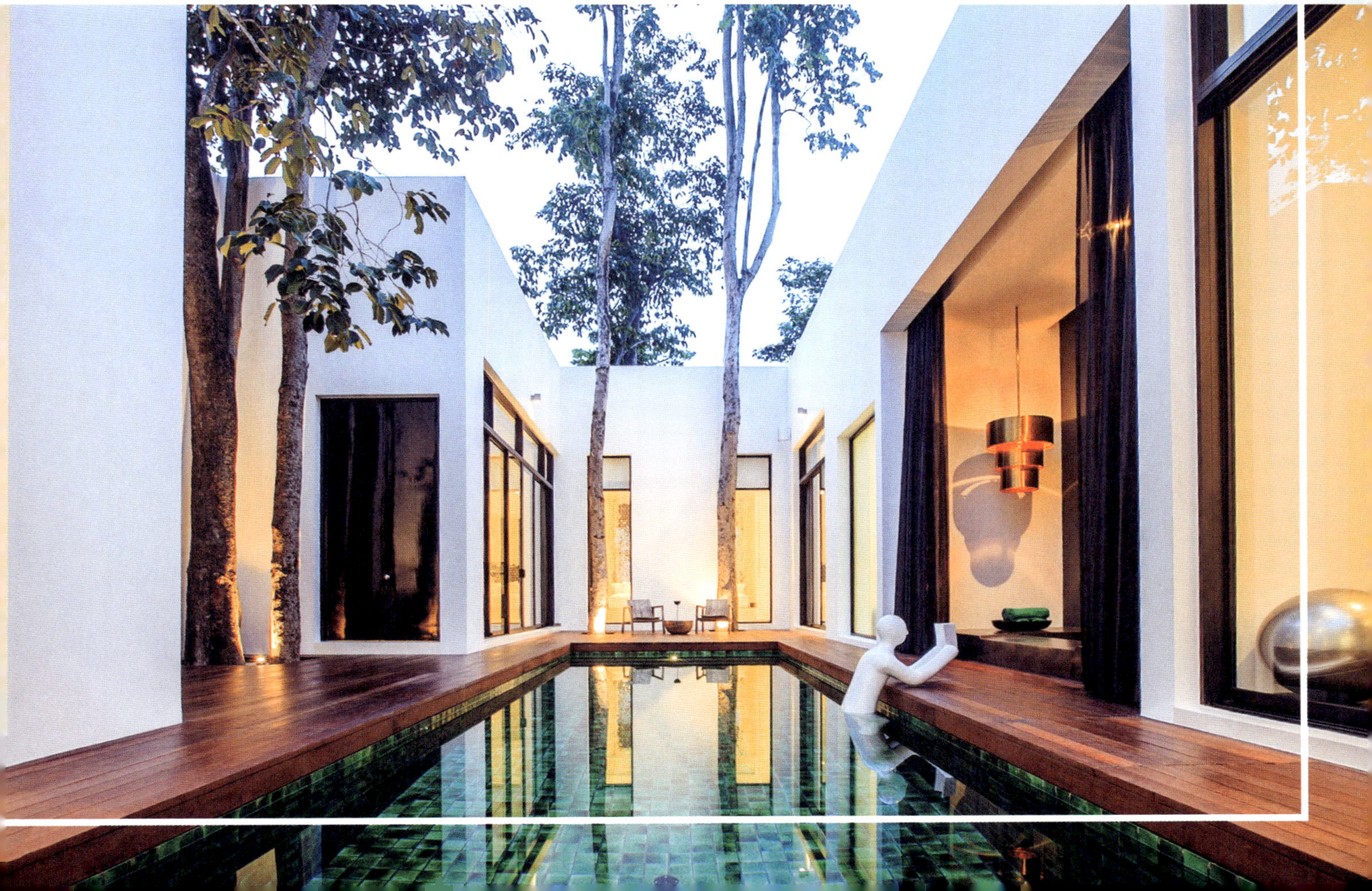

lich. Und weil der Thailänder das gedruckte Buch liebt, heißen bei ihm die Zimmer »Pages« und die großen Suiten »Chapters«. Eine davon heißt Editor, eine andere Bookmark, Lesezeichen, und ausgerechnet die größte heißt Writer. Die 359 Quadratmeter große Poolvilla entwarf Kasemtham Sornsong selbst. Sie zeigt direkt zum Strand, dorthin muss man nur am privaten, über acht Meter langen Salzwasserpool vorbei. Außer diverser Zimmer gibt es drinnen eine eigene Bibliothek, einen privaten Fitnessraum und Whirlpool und eine Terrasse auf dem Dach. Um den Luxus der Writer-Suite genießen zu können, sollte man wohl Bestseller-Autor sein, in etwa wie George R. R. Martin, der Autor von Sornsongs aktuellem Lieblingsbuch. Er habe gerade den ersten Teil der Fantasy-Saga »A Song of Ice and Fire« (Das Lied von Eis und Feuer) gelesen, verfilmt unter dem Serientitel *Game of Thrones*. Er habe sich eine schöne bibliophile Ausgabe gekauft, sagt Sornsong. Und nun hoffe er darauf, »dass

Martin die letzten beiden Bände auch bald schreibt«.

Natürlich steht auch die Fantasy-Saga in der Bibliothek. Ein Viertel der Bücher stammt von Kasemtham Sornsongs privater Sammlung. Es sind hauptsächlich Bücher und Bildbände zu Kunst, Design und Architektur. Die Bestände der Bibliothek werden ständig erweitert. Und: Ein großer Teil der derzeit 1400 Bücher stammt von den Gästen. Insofern gebe es nicht einen Kurator – sondern eine

ganze Gruppe: der Besitzer und die Hunderte von Gästen, die freundlicherweise ihre Bücher da gelassen haben.

Den Gästen stehen Romane zur Verfügung, ebenso Coffeetable-Books zum Durchblättern und neuerdings Kochbücher und Kinderbücher. Das Jahrbuch der Design-Hotels, zu dem The Library gehört, steht zum Verkauf, die anderen Bücher nicht.

The Library arbeitet mit bildenden Künstlern zusammen, zuletzt mit dem thailändischen Autor Roundfinger in einer Kunst-Kampagne. Außerdem gestalten immer wieder Künstler im Haus etwas Neues, zuletzt Lucas Beaufort, Nakrob Moonmanas und Suntur.

Auf die Frage, ob sich in das Bibliotheks-Hotel auch schon jemand zum Schreiben zurückgezogen habe, sagt Kasemtham

nen«. Ein Writers-in-Residence-Programm gebe es bislang nicht, »aber was für eine gute Idee«! Augenfälligstes Merkmal des Luxushotels sind neben Seiten und Suiten einige Statuen aus Fiberglas – weiße Figuren, die auf Bänken liegen, am Pool verweilen, immer mit einem Buch in der Hand.

»Nur wenige Glückliche erfahren, wo dieser Strand liegt« heißt es im Bestseller »The Beach«. Der natürlich auch in der Bibliothek steht. Zu den Glücklichen zählen im Roman diejenigen, die hingelangen, letztendlich nicht. Anders als im eleganten Hotel The Library, das auch gar nicht so schwer zu finden ist.

HOTEL THE LIBRARY
Koh Samui, Thailand
thelibrarysamui.com

Sornsong, er könne das nur vermuten, gehe aber davon aus. The Library liegt mitten in Chaweng Beach, Koh Samui's Hauptstadt. Rundherum sei es lebhaft, »aber das Hotel funktioniert wie eine Oase, wo die Gäste in aller Ruhe lesen und eben auch schreiben kön-

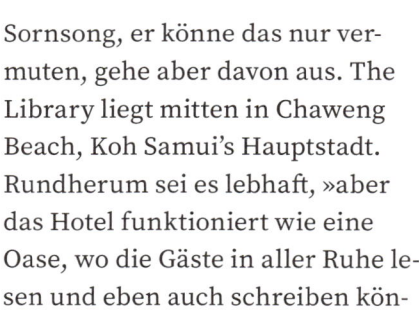

Dorothy Parker (1893-1967)

Das Hotel mit dem berühmtesten Literatur-Zirkel

THE ALGONQUIN HOTEL
New York City, USA

The Ritz Carlton, das Waldorf Astoria, ein Mandarin Oriental, Four Seasons und Park Hyatt – in Manhattan mangelt es nicht an berühmten Hotels. Doch eines sticht heraus: The Algonquin. Es ist das älteste Hotel in New York City, das massive Gebäude steht im Herzen der Stadt, in der 44th Street, beim Times Square und der Fifth Avenue. Ruhm erlangte es als Treffpunkt des einst ebenso berühmten wie berüchtigten Algonquin Round Table. Der literarische Zirkel formierte sich aus einer losen Gruppe von Journalisten, Literaten und Schauspielern; den Kern bildeten die Theaterkritikerin Dorothy Parker, der Dramatiker Robert E. Sherwood und der Humorist Robert Benchley. Sie trafen sich im Juni 1919 erstmals im Hotel Algonquin zum Mittagessen.

Vor allem um Dorothy Parker, geboren 1893, ranken sich Geschichten. Parker, eine geborene Rothschild, aber nicht verwandt mit den schwerreichen Bankiers, war zu ihrer Zeit die einzige Theaterkritikerin New Yorks. Sarkastisch, ironisch und scharfzüngig gab sie den Ton vor bei der Mittagsrunde. Alle anderen am Tisch wollten ihr da in nichts nachstehen. Man übertraf sich mit Bonmots, und da zur Runde Journalisten gehörten, konnte man diese am nächsten Tag in der Zeitung lesen. Damals erschienen allein in Manhattan 19 Tageszeitungen, sechs weitere in Brooklyn, man traf sich mitten im Theater-Distrikt, umgeben von Verlagen und Theatern. So wuchs der Mythos immer weiter. Der Round Table war, so fasste es Dorothy Parker zusammen, »nur ein Haufen von Leuten, die einander Scherze erzählten und sich gegenseitig versicherten, wie gut sie waren.«

Im US-Dokumentarfilm *The Ten Year Lunch*, der 1987 den Oscar als bester Dokumentarfilm erhielt, erzählen Mitglieder des Round Table von den glorreichen Zeiten. Die so glorreich nicht immer waren: So hatten einige von ihnen Jobs bei Vanity Fair, »die waren sehr glanz-

THE ALGONQUIN HOTEL
New York City, USA

voll«, heißt es im Film, »aber sehr schlecht bezahlt; manche konnten sich die ersten Jahre zum Mittagessen immer nur Eier leisten«. Was der Begeisterung der Runde keinen Abbruch tat: »Wenn jemand etwas Bemerkenswertes sagte, standen alle auf und verbeugten sich vor dem Sprecher.« Denn der Grund-Tenor aller sei gegenseitige Bewunderung gewesen.

Den hauseigenen, später berühmt gewordenen »Martini on the Rock« konnte sich keiner von ihnen

leisten: der Martini aus Grey Goose Vodka und trockenem Wermut kostet 10.000 US-Dollar, unter den Oliven liegt ein Diamantring. Manchmal kamen zu dem intellektuellen Stammtisch der Komiker Harpo Marx und die Schauspielerin Tallulah Bankhead, auch F. Scott Fitzgerald mit seiner Frau Zelda waren Gäste.

Nur arbeitende Frauen waren willkommen, etwa Schauspielerinnen, auch das ein Novum. Man trug kurze Haare und kurze Röcke, die moderne Frau tanzte Charleston oder hatte den Blues. Schon 1920 wurde Dorothy Parker von Vanity Fair gefeuert, der beißende Sarkasmus ihrer Kritiken erschien als nicht mehr tragbar. Parker schrieb weiter, nun auch Short Stories. Ihre »New Yorker Geschichten« porträtieren starke, selbstbewusste Frauen, die am Rande des Nervenzusammenbruchs balancierten, Alkoholikerinnen, Selbstmörderinnen oder verzweifelt Liebende waren, die wie Hazel Morse, »Eine starke Blondine«, dennoch von Männern fabelhaft gefunden werden möchten. Hazel erträgt die Welt in ihrem Hotelzimmer am besten »fast friedlich« in einem Whisky-Nebelschleier. Dann greift sie zu 20 Tabletten, aber das Zimmermädchen findet sie.

Im »Tagebuch einer New Yorker Lady« schreibt Parker von den Tagen des Schreckens, der Verzweiflung und Weltveränderung, »Der Champagner gestern nacht bei Amorys war eine *Zumutung*; aber was soll man machen? Man kann ja auch nicht bis fünf Uhr morgens mit *gar nichts* dasitzen.«

Es war der scharfzüngige Witz der Überlebenden; einige der Journalisten waren eben zurückgekehrt von den Schauplätzen des Ersten Weltkriegs. Das Leben musste nun genossen und begossen werden.

Zu literarischen Zuspitzungen gesellten sich Alkohol und Pokerrunden. Bei einem dieser Pokerspiele am Round Table gewann Harold Ross eine erkleckliche Summe – und gründete damit 1925 den New Yorker. Bald darauf wurde Dorothy Parker Literaturkritikerin des New Yorker, sie bekam ihre eigene Kolumne *The Constant Reader*, die sie bis 1933 behielt.

Nach der Trennung von ihrem Ehemann zog Parker komplett ins Algonquin. Für kurze Zeit ging sie später an die Westküste, nach Hollywood, und schrieb Drehbücher. Von ihr stammt das Drehbuch zu *A Star is born*, damals verfilmt mit Judy Garland; es erhielt einen

Mitglieder des Algonquin Round Table: (stehend) Art Samuels, Harpo Marx, (sitzend:) Charlie MacArthur, Dorothy Parker und Alexander Woollcott, um 1919

Oscar für die beste Originalstory. Mittlerweile wurde es mehrfach verfilmt, zuletzt herzzerreißend mit Lady Gaga.

Zurück in New York zog Parker in ein Apartment-Hotel, auch das wurde ihr zum literarischen Szenenbild. Die bittere Komödie »The Ladies of the Corridor« (Ladies im Hotel) beschreibt Witwen und Geschiedene in den 1950ern, die wie sie mit Pudel im Hotel wohnen und von ihren reizenden Männern schwärmen.

Dorothy Parker hatte sich am Algonquin Round Table den Ruf erarbeitet, nie über jemanden ein nettes Wort zu sagen, wenn sie ein bösartigeres zur Hand hatte. Sie hätte für ein Bonmot jeden Freund verraten, wurde ihr nachgesagt; und ihr berühmtester Vierzeiler lautete »I like to have a martini,/ Two at the very most./ After three I'm under the table,/ after four I'm under my host«. Was sinngemäß bedeutete, nach zu vielen, nämlich vier, Martinis läge sie unter dem Gastgeber. Doch Parker war auch ein politischer Mensch. Zusammen mit John Dos Passos hatte sie gegen die Hinrichtung von Sacco und Vanzetti demonstriert und soll eine Nacht im Gefängnis verbracht haben. In Hollywood wurde sie Mitbegründerin der Anti-Nazi-League. 1937 reiste sie nach Spanien und berichtete für die linke Zeitung New Masses über den spanischen Bürgerkrieg. Dorothy Parker starb 1967 in ihrem Zimmer im Apartment Hotel The Volney in New York. Ihr Vermögen hinterließ sie Martin Luther King und der »National Association for the Advancement of Colored People« (NAACP).

»Der Champagner war eine Zumutung; aber was soll man machen?«
Dorothy Parker

Auch nach dem Ende des Round Tables zog und zieht das Algonquin weiter Berühmtheiten an. In den in den 50er-Jahren kritzelte William Faulkner im Algonquin seine Dankesrede für die Nobelpreisverleihung auf eine Stoffserviette, Arthur Miller traf sich im holzvertäfelten »Oak Room« mit Marilyn Monroe. Europäische Filmemacher kamen ins Haus, so wie Costa-Gavras und Francois Truffaut. Zu den Gästen gehörte die US-amerikanische Schriftstellerin, Professorin und Bürgerrechtlerin Maya Angelou (1928 – 2014). Es heißt, sie habe im Algonquin an ihrer Autobiograpie »I Know Why the Caged Bird Sings« (Ich weiß, dass der gefangene Vogel singt) gearbeitet. Und das berühmte Hotel wurde in der Fantasy-Roman-Reihe The Algonquin Round Table Mystery von JJ Murphy selbst zum Protagonisten.

Heute betreibt das Haus eine Partnerschaft mit Simon & Schuster. Der Verlag stellt dem Hotel vorab Lesekopien von Romanen für Gäste zur Verfügung. Außerdem wird gemunkelt, so teilt das Algonquin mit, dass sich in der Lobby Buchclubs treffen, um sich über Literatur auszutauschen. Schließlich gehört das Algonquin zum Kulturerbe der Stadt New York.

War Dorothy Parker, der Star des Algonquin Round Tables, glücklich? Vielleicht, manchmal. Sie war aber auch eine notorische Selbstmörderin, auch wenn es jedes Mal schief ging, im Sinne von: sie überlebte. Auch jenen spektakulären Selbstmordversuch am Tag, nachdem Rudolph Valentino ermordet worden war. Sie saß im Badezimmer und schnitt sich die Pulsadern auf. Diesmal musste es gut ausgehen – denn es ist nur eine der vielen Legenden, genauer gesagt: Teil eines Krimis, der im Algonquin spielte. Valentino starb

zwar viel zu jung, aber an einem Magengeschwür.

Dorothy Parker tat lieber weiter so, als wäre das Leben eine dauerhafte, wenn auch bittere Party, und schrieb: »In dieser Minute das Allerschrecklichste passiert. Mir ist ein Nagel *komplett* abgebrochen. Das ist ausgesprochen das Schlimmste, was mir je im Leben passiert ist.«

THE ALGONQUI HOTEL
New York City, USA
algonquinhotel.com

REGISTER

LITERATUR-HINWEISE

Einleitung

Cees Nooteboom: Nootebooms Hotel. Suhrkamp Verlag. zit. nach: Lis Künzli: Hotels. Ein literarischer Führer. Eichborn, Berlin 2007.

Graham Greene: Der stille Amerikaner. dtv, München 2003.

Graham Greene: Unser Mann in Havanna. Bertelsmann Lesering. Gütersloh o.J.

Ernest Hemingway, Brief an Dos Passos. Zitiert nach: faz.net/aktuell/reise/fern/kuba-hemingways-hotel-in-havanna-1195223.html

Ernest Hemingway in Schruns. Zit. nach: Barbara Schaefer: Winter. Eine Liebeserklärung. EdelBooks, Hamburg 2018.

Virginia Woolf: Ein eigenes Zimmer. in: Virginia Woolf: Lesebuch, S.Fischer Verlag, Frankfurt 2006.

Elke Heidenreich, Interview:

welt.de/icon/unterwegs/article159197168/Wir-sind-alt-machen-wir-ein-Literaturfestival-auf-Sylt.html

Juli Zeh: Treideln. btb Taschenbuch, München 2015

Franz Kafka: Brief. zit. nach Lis Künzli: Hotels. Ein literarischer Führer. Eichborn Berlin 2007.

Vicki Baum Hotel Shanghai. KiWi Paperback, Köln 2007.

1 Hotel Adlon Kempinski

Zitat Kaiser Wilhelm, nach: Hedda Adlon: Hotel Adlon. Das Berliner Hotel, in dem die große Welt zu Gast war. Heyne, München 2005.

Philip Kerr: Die Adlon Verschwörung, Rowohlt Taschenbuch, Reinbek bei Hamburg 2010

Joachim Bessing: Tristesse Royale, Ullstein Metropolis, Berlin 1999

2 Literaturhotel Berlin Friedenau

Max Frisch: Berliner Journal. Zit. nach: fr.de/kultur/literatur/abgelebt-11216036.html

Günter Grass, zitiert nach: tagesspiegel.de/berlin/zum-tod-des-literaturnobelpreistraegers-guenter-grass-berlin-und-die-blechtrommel/11628350.html

Swetlana Alexijewitsch, zitiert nach: Der Spiegel, »Wir sind Späne der Geschichte«. Interview mit Swetlana Alexijewitsch. Von Susanne Beyer und Tobias Rapp, 05.12.2015

3 Spreewald, Hotel die Bleiche

Spreewald, Anthologie 1, Spreewälder Kulturstiftung 2012.

6 Schweiz, Engadin, Waldhaus Sils

del Buono: Zora: Waldhaus Sils, A family Affair. Waldhaus Sils 2008.

Urs Kienberger: 111 Jahre Hotel Waldhaus Sils. Geschichte und Geschichten zu einem unvernünftigen Familientraum. Scheidegger & Spiess, 2019.

Dietrich Kienberger: Wie groß ist die Welt und wie still ist es hier. Geschichten ums Waldhaus Sils Maria. Weissbooks, Frankfurt 2014.

7 Schweiz, Engadin, Arosa Waldhotel

Andreas Lesti: Oben ist besser als unten. Eine literarische Expedition in die Alpen. Rogner&Bernhard, Berlin 2013.

Thomas Mann: Der Zauberberg. Fischer Verlag, Frankfurt 1991.

Margrit Fischer-Hotz: Schatzalp Davos und Deutsches Haus Agra. Die Geschichte einer späten Zauberberg-Liebe. edition fischer, Frankfurt 2005.

8 Schweiz, Tessin, Hotel Fondazione Monte Verità

Lisa Tetzner (Kurt Held): Die schwarzen Brüder, antiquarisch.

Thomas Blubacher: Frei und inspiriert – Sehnsuchtsorte der Dichter, Denker, Künstler und Aussteiger. Ascona. Attersee. Capri. Bali. St. Moritz. Hiddensee. Elisabeth Sandmann, Verlag München 2013.

Franziska zu Reventlow: Der Geldkomplex. Oesch Verlag, Zürich 2001.

Hermann Hesse: Klingsors letzter Sommer. Suhrkamp tb, Frankfurt 1985.

9 Italien, Triest, Victoria Hotel Letterario

Claudio Magris, Angelo Ara: Triest – Eine literarische Hauptstadt in Mitteleuropa. dtv-Sachbuch, München 1993.

Veit Heinichen, Ami Scabar: Triest. Stadt der Winde. Sanssouci im Carl Hanser Verlag, München 2005.

James Joyce: Dubliner. dtv, München 2012.

11 Italien, Sizilien, Belmond Grand Hotel Timeo

D.H. Lawrence: Lady Chatterley's Lover. Diogenes, Zürich 2007.

D.H. Lawrence: Mr. Noon. Autobiographischer Roman. Diogenes, Zürich 1993

D.H. Lawrence: Briefe. Diogenes, Zürich 1979

Robert Lucas: Frieda von Richthofen. Ihr Leben mit D.H. Lawrence, dem Dichter der Lady Chatterley. Diogenes, Zürich 1985.

Rosie Jackson: Nicht ich, der Wind. Das geheime Leben der Frieda Lawrence. Goldmann, München 1994.

12 Frankreich, Juan-les-Pins, Hotel Belles Rives

Scott Fitzgerald: The Great Gatsby. Harper Press, London 2012.

Scott Fitzgerald: Zärtlich ist die Nacht. Diogenes, Zürich 1983.

Zelda Fitzgerald: Ein Walzer für mich. Diogenes, Zürich 2011.

Katrin Boese: Zelda Fitzgerald. So leben, dass ich atmen kann. Aviva, Berlin 2010

Klaus und Erika Mann: Buch von der Riviera, 1931. Rowohlt, Frankfurt 2006.

13 England, London, Belmond Cadogan Hotel

Joanne K. Rowling: Harry Potter und die Heiligtümer des Todes. Carlsen Verlag, Hamburg 2007

Virginia Woolf: Ein eigenes Zimmer. in: Virginia Woolf: Lesebuch, S.Fischer Verlag, Frankfurt 2006.

15 Polen, Łódź, Hotel Savoy

Joseph Roth: Hotel Savoy. KiWi Paperback, Köln 2010.

16 Türkei, Istanbul, Pera Palace

Agatha Christie: Mord im Orient-Express. Fischer Tb, Frankfurt 2013

Graham Greene: Orient-Espreß. dtv, München 1992

Graham Greene: Die Reisen mit meiner Tante. dtv, München 2013.

Ernest Hemingway: Schnee auf dem Kilimandscharo. Rororo, Reinbek bei Hamburg 1961.

17 Thailand, Bangkok, The Mandarin Oriental

Joseph Conrad: Herz der Finsternis. Insel tb, Frankfurt 1995.

Lucinda Riley: Das Orchideenhaus. Goldmann, München 2010.

Somerset Maugham: Gesammelte Erzählungen. Diogenes, Zürich 2005.

18 Thailand, Ko Samui, The Library

Alex Garland: The Beach/Der Strand. Goldmann, München 199.

19 USA, New York City, The Algonquin Hotel

Dorothy Parker: New Yorker Geschichten. rororo, Reinbek bei Hamburg, 1995.

William Corbett: New York. Literary Lights. Graywolf Press, Saint Paul Minnesota 1998.

BILDNACHWEISE

Hotel Budersand: Leonie von Kleist (S. 41 oben); Elke Heidenreich Promo (S. 44 rechts unten); restliche Bilder: Hotel Budersand (S. 40-47)

Hotel Geyer: alamy: imageBROKER (S. 51), Keystone Press (S. 50); restliche Bilder: Hotel Geyer (S. 48-53)

Waldhaus Sils Maria: alamy: The Picture Art Collection (S. 61); © Arnaud Delalande (S. 55 unten, S. 59 unten); Barbara Schaefer (S. 54 links oben, S. 59 rechts oben); Gian Giovanoli (S. 54 mitte oben, S. 60 unten); © Gian Giovanoli (S. 62); © Ralph Feiner (S. 55 rechts oben, S. 57); Stefan Pielow (S. 58); © Waldhaus Sils (S. 56); Waldhaus Sils (S. 54 links unten, S. 60 oben, S. 63)

Waldhotel Arosa: ETH-Bibliothek Zürich, Thomas-Mann-Archiv/Fotograf: Heinz Niedecken (S. 64 oben links); restliche Bilder: Waldhotel Arosa (S. 64-71)

Hotel Fondazione Monte Verità: alamy: Heritage Image Partnership Ltd (S. 77); Historic Images (S. 72 links oben); restliche Bilder: Fondazione monte verità (S. 72-79)

Victoria Hotel Letterario: alamy: Granger Historical Picture Archive (S. 80 oben links); Maike Albath privat (S. 83); restliche Bilder: Victoria Hotel Letterario (S. 80-85)

Grand Hotel Excelsior Vittoria: alamy: MARKA (S. 86 links oben); Barbara Schaefer (S. 86 unten, S. 87, S. 88 links oben, S. 91, S. 93 unten); restliche Bilder: GrandHotel Excelsior Vittoria (S. 86-93)

Belmond Grand Hotel Timeo: alamy: Heritage Image Partnership Ltd (S. 94 links oben); restliche Bilder: Belmond Grand Hotel Timeo (S. 94-101)

Hotel Belles Rives: Archives Hôtel Belles Rives (S. 102 links oben); restliche Bilder: Hotel Belles Rives (S. 102-109)

Belmond Cadogan Hotel: shutterstock: Everett Collection (S. 110 unten); restliche Bilder: Belmond Cadogan (S. 110-119)

The Balmoral: J.K.Rowling Promo (S. 120 links oben); restliche Bilder: Rocco Forte Hotels (S. 120-127)

Hotel Savoy: alle Bilder: HOTEL SAVOY, Łódź (S. 128-133)

Pera Palace: alamy: Keystone Press (S. 134 links oben); restliche Bilder: Pera Palace Hotel (S. 134-143)

The Mandarin Oriental: Barbara Schaefer (S. 144 links oben, S. 151 unten); restliche Bilder: The Mandarin Oriental, Bangkok (S. 144-153)

The Library: alle Bilder: The Library, Koh Samui (S. 154-161)

The Algonquin Hotel: alamy: Granger Historical Picture Archive (S. 162 links oben, S. 164-165), Peregrene (S. 169); THE ALGONQUIN AUTOGRAPH HOTEL/Isaac Maiselman Photography (S. 162 rechts oben, S.163 unten); THE ALGONQUIN AUTOGRAPH HOTEL/Steve Beaudet (S.162 unten, S. 168); gemeinfrei (S. 167); restliche Bilder: THE ALGONQUIN AUTOGRAPH HOTEL (S. 163-169)

AUTORIN

Barbara Schaefer studierte nach einem Zeitungsvolontariat Theaterwissenschaft und Germanistik in München und Italien. Sie arbeitete zunächst als Feuilletonredakteurin in München, bevor sie sich als freie Autorin in Berlin niederließ, von wo aus sie die Welt bereist. Barbara Schaefer hat zahlreiche Bücher und Reportagen veröffentlicht, letztere in renommierten deutschen Zeitungen und Magazinen. Auf ihren Reisen faszinieren sie ungewöhnliche Hotels – Literaturhotels haben es ihr besonders angetan. In vielen hat sie übernachtet, in manchen zumindest einen Cocktail an der Bar getrunken. Am liebsten mit einem Literatur-Klassiker in der Hand.

IMPRESSUM

Autorin: Barbara Schaefer
Bildrecherche: Barbara Schaefer
Layout und Satz: FSM Premedia GmbH & Co. KG, Münster
Covergestaltung: Eva Grimme
Titelbild: © Bleiche Resort & Spa
Produktmanagement und Lektorat: Sandra Aichele, Nicole Benzinger
Herstellung: Heike Köhl
Druck und Bindung: PNB Print Ltd, Lettland

© 2020 Lifestyle BusseSeewald in der frechverlag GmbH,
Turbinenstraße 7, 70499 Stuttgart

2. Auflage 2021

ISBN: 978-3-7724-7276-3 • Best.-Nr. 7276